A VIDA É UMA PASSAGEM

Diálogos sobre a morte com a comunidade judaica de Pernambuco

MARJONES JORGE XAVIER PINHEIRO

70

A VIDA É UMA PASSAGEM
Diálogos sobre a morte com a comunidade judaica de Pernambuco

AUTOR: Marjones Jorge Xavier Pinheiro

DIRETOR DA ALMEDINA BRASIL: Rodrigo Mentz
EDITOR: Marco Pace
PRODUTORA EDITORIAL: Erika Alonso
ASSISTENTES EDITORIAIS: Letícia Gabriella Batista e Tacila Souza

REVISÃO: Rodrigo Nakano
DIAGRAMAÇÃO: Almedina
DESIGN DE CAPA: Daniel Rampazzo
FOTO DO AUTOR: Edu Freire

ISBN: 9786554272094
Março, 2024

Dados Internacionais de Catalogação na Publicação (CIP)
(Câmara Brasileira do Livro, SP, Brasil)

Pinheiro, Marjones Jorge Xavier
A vida é uma passagem : Diálogos sobre a morte com a comunidade judaica de Pernambuco / Marjones Jorge Xavier Pinheiro. – 1. ed. – São Paulo : Edições 70, 2024.
ISBN 978-65-5427-209-4
1. Antropologia filosófica 2. Judaísmo 3. Luto – Aspectos religiosos 4. Morte – Aspectos filosóficos I. Título.

23-180538 CDD-128.5.41

Índices para catálogo sistemático:

1. Morte : Antropologia filosófica 128.5

Tábata Alves da Silva – Bibliotecária – CRB-8/9253

Este livro segue as regras do novo Acordo Ortográfico da Língua Portuguesa (1990).

EDITORA: Almedina Brasil
Rua José Maria Lisboa, 860, Conj.131 e 132, Jardim Paulista | 01423-001 São Paulo | Brasil
www.almedina.com.br

“Nenhum dos mortos daqui vem vestido
de caixão. Portanto, eles não se enterram,
são derramados no chão”.

Cemitério Pernambucano – João Cabral de Melo Neto

“Mesmo para os descrentes há a pergunta
duvidosa: e depois da morte?”

Deus – Clarice Lispector

“A morte está tão certa de sua vitória que
ela nos dá uma vida inteira de vantagem.”

Autor desconhecido.
Frase escrita no muro do Cemitério
Père-Lachaise, em Paris – França.

Para eles que já fizeram a passagem, dedico.
Meus avós Arcelina e Xavier, Terezinha e Osvaldo, e Manoel.
Os amigos Berta e Busi.
Porque a saudade é sempre.

Agradecimentos

Em seu livro *As mais belas coisas do mundo*, Valter Hugo Mãe diz que “aprender é mudar de conduta, fazer melhor”. Mas não é fácil (nem ele disse que o seria) e sozinho eu não consigo. Minha base está apoiada no coletivo e, sem pudor, afirmo que dependo dele para aprender, mudar de conduta e fazer melhor, como nos inspira VHM. Por essa razão, é fundamental agradecer às partes que formam este todo. Um todo que, na Psicologia, seguindo por um dos muitos caminhos que ela aponta, é maior que a soma das partes. Sinto que eu cresço na relação com estes outros. E foram muitos ao longo desta jornada chamada doutorado, trabalho de pesquisa que desenvolvi e no qual se baseia este livro. Por isso, o agradecimento é mais do que gentileza, é necessidade. Espero não ter esquecido ninguém. Por alguma possível falha, minhas sinceras desculpas.

Obrigado, Deus. Por ter me permitido chegar até aqui.

Obrigado, Magdaleine Xavier e Jorge Pinheiro, meus pais, um farol na vida. Como sou feliz em ter vocês.

Obrigado, Eduardo, meu companheiro, por não soltar minha mão.

Obrigado aos meus irmãos, Ricardo e Carol; aos meus sobrinhos, Miguel, Maria e Acelmo; e à toda a família.

Obrigado aos amigos. De perto e de longe. Todos especiais.

Preciso agradecer a vocês pela generosidade que é entender uma ausência recorrente durante um período tão longo quanto o de um doutorado, base deste livro! Sintam-se abraçados.

Fundamental ainda fazer outros agradecimentos, importantes e necessários dada a realização deste trabalho.

Obrigado, Renato Athias, meu orientador, por apontar falhas, lacunas não preenchidas e mais: caminhos por onde seguir. Obrigado, avaliadores que participaram da banca do doutorado, pela disponibilidade em ler este texto e colaborar com o processo.

Tânia Kaufman, minha orientadora no mestrado e grande incentivadora nesta jornada acadêmica, tantas vezes, tão solitária.

Obrigado a meus interlocutores, pela confiança e partilha de histórias e sentimentos tão pessoais.

Beatriz e Bernardo Schvartz, pela acolhida, consultoria e tantas portas abertas de uma forma tão gentil quanto generosa. Sei que vocês acompanham tudo de onde estão.

Obrigado, equipes do Museu Sinagoga Kahal Zur Israel, Arquivo Histórico Judaico de Pernambuco, AHJPE, e Federação Israelita de Pernambuco, FIPE.

A todos do Programa de Pós-Graduação em Antropologia da Universidade Federal de Pernambuco, pela atenção dispensada em tantos momentos durante o doutorado.

Obrigado, às Professoras Aparecida Nogueira e Marion Quadros, pelo incentivo e orientações preciosas.

Blah, pelas revisões e lucidez em tantos momentos. Elisete, pelos cafés e carinho.

Nilvânia e Virgínia, pelas colaborações e tantas aulas juntos.

Ana, pelo quintal, pelo acolhimento, pela generosidade.

Luciano, por estar sempre presente, dividir inquietações, somar esforços e inspirar. Estou certo de que essa parceria que começou ainda no mestrado, extrapolou a academia e, hoje, é de vida. Agradecimento especial pelo luxuoso prefácio. Grato, querido!

Prof. Marcos Silva, em nome de quem também agradeço a todos do Grupo de Estudos e Pesquisas em Contra-História e Culturas Subterrâneas da Universidade Federal de Sergipe, UFS/CNPq, pelos textos indicados e este presente, que é apresentação deste livro.

A Lua, pelo incentivo e força. A Pedri, pelo delicioso escambo literário. Edu Freire, parceiro de trabalho, pelo talento e pelo lindo registro que enriquece uma das orelhas desta obra.

A Erika Alonso e Gabriela Lisboa, em nome das quais também agradeço aos parceiros do Grupo Almedina, por toda acolhida durante a produção deste livro.

Obrigado aos que morreram, mas continuam vivos, bem vivos, em minha vida. Avós, tios, amigos e a tantos outros espíritos de luz que continuam a cuidar e olhar por mim, mediando a existência entre os mundos dos vivos e dos mortos.

Por fim, obrigado a você que aceitou receber o que, de modo despretensioso, tenho a oferecer.

Prefácio

A vida é uma passagem foi uma pesquisa de fôlego que se consolidou em Tese de Doutorado, defendida no Programa de Pós-Graduação em Antropologia da UFPE (Universidade Federal de Pernambuco). Para descrever os costumes, rituais e crenças de uma pequena comunidade, situada na periferia da Diáspora judaica, o autor, Marjones Pinheiro, aplicou o rigor do método de pesquisa etnográfica e utilizou de sua sensibilidade humana para, através da observação participante e de entrevistas semiestruturadas, construir o cenário das atitudes e vivências dessa comunidade diante do fenômeno da morte.

Marjones Pinheiro, jornalista de profissão e antropólogo por dedicação, é membro atuante do Grupo de Estudos e Pesquisas em Contra-História e Culturas Subterrâneas, certificado junto ao CNPq, que coordeno na UFS (Universidade Federal de Sergipe). Penso que foi esse o motivo pelo qual o autor me honrou com o convite para escrever esta apresentação, o que faço com muita satisfação.

Permitam-me iniciar com alguns ocorridos em minha vida profissional.

No ano de 2000, publiquei uma coleção de livros didáticos composta por quatro volumes de História para o Ensino Fundamental, sob o título "Temas Transversais para o Ensino de História". No terceiro volume, no qual deveria apresentar a História da Antiguidade Oriental, escrevi um capítulo em que o tema transversal tratado foi a morte – exatamente o capítulo sobre a Civilização Egípcia, intitulado "A Vida como Preparação para a Morte". Ora, a natureza interdisciplinar da proposta didática já indicava a necessidade de abordarmos temas que, além da perspectiva histórica, fossem estudados por uma variedade de ciências. Essa é a natureza do tema sobre o qual Marjones Pinheiro se debruçou em sua pesquisa de doutoramento.

É um tema liminar, capaz de fornecer aos que são nele iniciados as chaves para se posicionar diante das grandes questões da existência humana. Ora, sabedor que a educação formal olvida esses temas existenciais, foi exatamente essa a razão de inseri-lo como conteúdo didático.

Outro momento de minha trajetória profissional, onde abordei o tema da morte, foram os dois últimos semestres em que lecionei disciplinas na UFS, antes de minha aposentadoria como professor titular do Departamento de História. Agora, o objetivo era demonstrar para os alunos da Licenciatura em História a necessidade de adotarem uma pedagogia holística, que contempla todas as dimensões do indivíduo. Nessa empreitada, propus a organização de um Curso de Preparação para a Morte. Um aluno, mais participativo, me perguntou qual seria o currículo desse curso inusitado. Certamente, a História das atitudes diante da morte comporia esse programa. Também a Antropologia, em pesquisas como esta que vos apresento. Sugeri ainda a própria Parapsicologia, a Psicologia Transpessoal e um novo campo de estudos, as Ciências Noéticas. Existem tantas outras disciplinas acadêmicas que se ocupam do fenômeno e que poderiam integrar esse currículo. Não convencido da viabilidade do curso, o aluno me perguntou: como seria o estágio? Respondi que o estágio poderia se constituir, dentre outras formas, em visitas aos cemitérios. A duração do curso seria de seis períodos de cinco anos cada. Ou seja, preparar-se para a morte requer toda uma vida.

Ao longo dos anos em que compartilhei com o professor doutor Marjones Pinheiro as atividades de nosso Grupo de Pesquisa, tive a oportunidade de participar de curso ministrado por ele e de ouvir, em eventos nacionais e internacionais, a exposição do tema no qual ele se especializou. A característica que mais se evidenciou foi o rigor e a profundidade com que o assunto, mesmo que extremamente desafiante, é tratado.

Foi isso o que encontrei na leitura do texto, relatório de sua pesquisa, que você tem em mãos na forma deste livro. A grande inquietação inicial do autor foi perceber os efeitos da modernidade sobre as práticas rituais, crenças e costumes em torno da morte por parte dos membros da comunidade judaica do Recife, Pernambuco.

Deve-se tomar este estudo de caso como representativo da situação de todas as comunidades culturais e/ou religiosas, diante dos efeitos da dinâmica de vida das sociedades ocidentais no início do terceiro milênio. Até porque, como experiência comum a todas as culturas, em todos os tempos, o autor apresenta o tratamento teórico-metodológico conferido ao tema pela Antropologia e faz uma incursão pela visão da morte em diversas culturas, conforme os estudos clássicos e a literatura especializada apresentam.

Essa tônica central, conforme pesquisa entre os judeus da pequena comunidade do Recife, impacta a todos (as). Escreveu Marjones: "Quebrar ou manter as tradições? Sem respostas definitivas e, ao mesmo tempo, ciente da única certeza que é a morte, alguns grupos seguem buscando alcançar a compreensão do todo e viabilizar sua existência por meios diversos: rituais, práticas, mitos e teorias, diferentes em si e, não raro, existentes em uma mesma sociedade. Daí a importância de conhecer as particularidades de diferentes grupos. Uma forma de, por meio da alteridade, compreender melhor a si. Neste trabalho, os judeus. E o judaísmo".

Assim descreveu o autor sua inquietação central: "A mim, interessava compreender qual era ou quais eram as motivações que levavam os judeus a reiterar, modificar ou deixar de lado determinados costumes e práticas."

Não foi à toa que o segundo depoimento colhido pelo pesquisador, exatamente de um idoso que já presidira a Chevra Kadisha, associação comum a todas as comunidades judaicas e que se dedica a cuidar das questões práticas — rituais, sepultamentos etc. — ligadas à morte, expressou o seguinte: "Eu acho que é preciso atualizar tudo. O que está nos escritos bíblicos também. O que foi escrito em outro tempo, em outra sociedade". Mais adiante, o ancião completou: "Ao longo destes meus 85 anos, eu vi mudar o jeito como a comunidade judaica lida com a morte. Mudou."

Pois é este devir no trato e nas concepções da morte que nos apresenta Marjones, a partir de sua pesquisa junto a esta comunidade específica. Em que pese o caráter universal do tema e a sua questão central poder se aplicar a outras comunidades, o que existiria de tipicamente judaico, em sua experiência com a morte, que não se aplicaria a outras expressões culturais?

Penso que a preocupação, de inspiração fundamentalista, dos judeus com a questão da identidade. Ora, logo no início do livro, deparamo-nos com a informação de que no Cemitério Israelita do

Lista de figuras

Sumário

1. INTRODUÇÃO

Minha aproximação com a comunidade judaica do Recife[1] ocorreu aos poucos, a partir de 2005. Por questões de trabalho, com frequência, era preciso ir ao Arquivo Histórico Judaico de Pernambuco[2], (AHJPE); à Federação Israelita de Pernambuco, (FIPE); e, eventualmente, à casa de algum membro da comunidade para registro de um ou outro acontecimento mais significativo para o grupo, a exemplo do *Pessach* e de *Rosh Hashaná*. Respectivamente, Páscoa e Ano Novo dos judeus.

Esses encontros foram se tornando mais frequentes na medida em que eu tomava conhecimento das outras festas judaicas e dos demais eventos ligados à comunidade que, sabendo que à época eu trabalhava na área de comunicação social, buscava meios de divulgá-los de modo mais efetivo. Assim aconteceu, e, naturalmente, os laços foram estreitados, aumentando meu interesse em aprender mais sobre as tradições, os costumes e valores desse grupo, com o qual estabeleci relações profissionais e de muito afeto.

Com o tempo, as descobertas que fiz e que foram decorrentes do trabalho, do contato com os judeus do Recife e das pesquisas que passei a realizar de forma independente me levaram a perceber como a presença judaica deixou marcas significativas em Pernambuco. Ainda hoje, essas influências podem ser identificadas nos modos de fazer e viver do pernambucano, na gastronomia, na arquitetura, no comércio, na tecnologia e na cultura, sem esquecer a religião.

No encontro com esse outro universo, entre tantos aspectos, um me chamou a atenção de maneira especial: os rituais funerários. A forma como os judeus tratavam seus mortos, realizavam o sepul-

[1] Fundada em 12 de março de 1537, é a capital do estado de Pernambuco.
[2] Um dos nove estados da Região Nordeste do Brasil.

tamento e as cerimônias e viviam o luto, individual e coletivamente, mobilizaram meu interesse enquanto características que também ajudam a construir a identidade de qualquer grupo, incluindo esse. O resultado da observação do que os judeus praticam hoje e dos elementos que foram transformados ao longo do tempo em que eles estão em Pernambuco foi apresentado em uma dissertação de mestrado. Por ocasião da defesa dessa dissertação, os componentes da banca avaliadora recomendaram que o tema continuasse a ser investigado, mas seguindo outros caminhos, o que foi acatado por mim.

A partir dessa sugestão, retornei às questões que provocaram em mim algum tipo de inquietação, dúvida ou novo interesse e que poderiam dar origem a uma outra pesquisa. Constatei que uma parte significativa dessas questões estava relacionada com as motivações associadas às práticas observadas até então. Dentro deste contexto, foi idealizado este trabalho, que tem como objetivo analisar a narrativa e o discurso sobre a morte entre os judeus do Recife enquanto evento social, relacionado ao ciclo da vida, que afeta o grupo e suas implicações nas experiências coletivas e individuais, considerando-se também o luto e o pós-morte. Trata-se de um estudo que busca contribuir para o debate contemporâneo sobre a antropologia da morte e as compreensões antropológicas sobre o morrer e o luto em um determinado grupo social. Nesse sentido, enfatizei entendimentos que têm um valor destacado, dada a importância no judaísmo, a saber: imortalidade da alma, ressurreição, reencarnação e mundo vindouro.

Quando observados os rituais e costumes judaicos ligados à morte, podemos perceber que eles são marcados por um caráter funcionalista. Nada é feito aleatoriamente, sem que haja um motivo, uma explicação ou significado. Entretanto, no início do processo, não ficava claro para mim o que fazia com que algumas práticas fossem mantidas, modificadas ou mesmo quase que suprimidas desse grande e complexo repertório. Por que alguns rituais continuavam a ser feitos depois de séculos? Por que alguns costumes, após tanto tempo, foram perdendo força e acabaram por cair no esquecimento?

Um olhar mais cuidadoso me levou a compreender que o comportamento do grupo era uma espécie de média aproximada das posições de cada pessoa que fazia parte dele. Minha hipótese era a de que cada indivíduo entende a morte de uma determinada forma, dentro de uma construção realizada a partir de elementos distintos e de diferentes ordens. É este entendimento que vai determinar como o sujeito vai experimentar esse evento que é único, individual e desconhecido, se considerada a perspectiva de quem morre, e, ao mesmo tempo, múltiplo, coletivo e passível de projeção para aquele que espera por sua vez.

Reflexões e debates sobre como os judeus compreendem a morte, seus desdobramentos e a maneira como se relacionam com esses elementos foram e continuam sendo limitados, implicando inclusive em uma considerável dificuldade na obtenção de títulos para estudo do assunto. Falar a respeito da morte, em especial, entre os judeus e, nesse caso, os do Recife, ajuda a ampliar o número e a qualidade das informações pertinentes ao tema ao mesmo tempo que diminui o enorme espaço de debate sobre o assunto que precisa ser ocupado dentro e fora dos muros acadêmicos.

Em uma consulta feita à base de dados da Coordenação de Aperfeiçoamento de Pessoal de Nível Superior (Capes), fundação ligada ao Ministério da Educação do Brasil e vista como uma referência nacional quando o assunto é pesquisa, inclusive pela Universidade Federal de Pernambuco – UFPE, considerado o período entre o começo desse trabalho[3] e a fase inicial de produção de tese de doutorado, portanto, de 2013 a 2017, não identifiquei o registro de nenhuma pesquisa que tenha contemplado o objeto de estudo deste livro em nível de doutorado.

Temas transversais a ele têm despertado o interesse de pesquisadores de diversas áreas do conhecimento em universidades de todo o país, a exemplo da UFAM, UFPA, UFRJ, USP, UFPB, UFBA e da própria UFPE. Como exemplo e por estar vinculado à época ao Programa de Pós-Graduação em Antropologia da Universidade Federal de Pernambuco, faço menção a um trabalho produzido no Programa, em 2014. Com a tese *Conversão, Judaísmo e alteridade: narrativas de pertencimento e instâncias de reconhecimento*, Abel de Castro Tavares apresentou o resultado das pesquisas que realizou em Pernambuco, Ceará e Brasília, no Brasil; e Montreal, no Canadá.

[3] Este livro deriva de minha tese de doutorado em Antropologia, pela UFPE.

O ponto de maior aproximação entre o trabalho realizado por Tavares e este está no grupo observado por ambos, no sentido amplo: os judeus. Necessário esclarecer que, ao apontar este aspecto, não faço qualquer juízo de valor sobre o trabalho do colega. Apenas pontuo que nos detivemos, na grande maioria do percurso, em objetos distintos. Entretanto, destaco a pertinência com a qual ele abordou alguns aspectos referentes ao trabalho de campo e com os quais me identifico, como a passagem a seguir:

> Estrategicamente falando, ao estudar uma comunidade judaica, sendo não judeu, é por deveras prático que o primeiro acesso ao grupo seja feito por meio de um participante da comunidade, ou que haja um agendamento prévio por telefones ou e-mail – isso faz parte de um mecanismo de legitimação identitária. É remota a possibilidade de chegar sozinho e assistir a um serviço religioso em qualquer sinagoga no Brasil de qualquer orientação (TAVARES, 2014, p. 68).

A pertinência do texto que ora apresento é corroborada pelo aumento do número de estudos com enfoque nos judeus e no judaísmo, a partir de suas tradições e práticas, incluindo também aquelas ligadas à morte, ao morrer e ao luto. Embora seja expressiva a quantidade de produções que pensem as questões judaicas no contexto geral, em especial os temas relacionados a perseguições impostas aos judeus e ao antissemitismo, esse volume assume um caráter modesto face à importância do tema, considerando-se a participação dos judeus na história e formação do país, no caso, o Brasil. Para o sociólogo Bernardo Sorj, que há muito pesquisa sobre os judeus e o judaísmo, dentro e fora do território brasileiro, a produção acadêmica produzida em nosso país está aquém do que seria considerado ideal:

> Os estudos sobre os judeus no Brasil contemporâneo são, portanto, poucos e esparsos. Inexistem centros de pesquisa, instituições ou publicações que possam ser considerados como referência intelectual e geradores de debates ou linhas de reflexão. Assim, na bibliografia existente, são raros os esforços autóctones de reflexão sobre a condição judaica no Brasil. Apesar dos inúmeros profissionais judeus nas diferentes áreas

> das ciências do homem, é quase inexistente o desenvolvimento de uma reflexão específica sobre os judeus e o judaísmo. Possivelmente isso indica o próprio sucesso da integração na sociedade brasileira, que não gera no intelectual judeu angústias específicas sobre sua condição (SORJ, 2001, p. 156).

Reitero ainda a possibilidade de um número maior de estudos não fosse a dificuldade de levar adiante qualquer projeto a respeito dos temas, morte e judaísmo, na academia. É urgente e necessário atentar para o fato de que é a academia quem regula e pauta a produção de conhecimento e não raro, ao contrário do que poderíamos supor, deixa à margem inúmeros grupos que também demandam estudo, pesquisa e debate.

Encontro amparo nas palavras de Silva (2006). O autor conduz seus trabalhos por outras veredas diferentes das minhas e argumenta de maneira muito apropriada o quão difícil pode ser dar continuidade a determinados projetos com tudo o que eles acarretam:

> O desenvolvimento do trabalho de campo sofre, portanto, os constrangimentos relacionados com o modo pelo qual a escolha do tema, das hipóteses e das perspectivas teóricas, para citar apenas alguns itens presentes num projeto de pesquisa, é negociada na academia que o acolhe e o legitima. E nessa negociação, além dos "méritos científicos" inerentes ao projeto de pesquisa, deve-se considerar a influência das políticas acadêmicas (linhas de pesquisa institucionalizadas, estabelecimento, reorganização ou fortalecimento dos núcleos de pesquisadores, afirmação de lideranças intelectuais etc.) na escolha dos temas, regiões geográficas, grupos sociais etc., que compõem o "recorte" das pesquisas (SILVA, 2006, p. 28).

O grupo para o qual se volta este trabalho é formado pelos indivíduos que compõem a comunidade judaica do Recife neste começo do século XXI. De acordo com o censo[4] realizado em 2010 pelo Instituto

---

[4] O Brasil realizou um censo em 2022, mas os novos dados ainda não tinham sido divulgados à época da produção desta obra.

Brasileiro de Geografia e Estatística (IBGE), existem 1.256 judeus na capital pernambucana. Eles representam mais da metade do total de judeus no estado, 2.408. Este número corresponde a 33% da população judaica na Região Nordeste, à frente da Bahia, com 31%, e da Paraíba, com 9%. Entretanto, o número de judeus no Recife e, consequentemente, em Pernambuco pode ser bem maior.

É que os dados apresentados pelo IBGE, neste caso, dizem respeito àquelas pessoas que se reconhecem judias porque professam a fé mosaica. Portanto, uma identificação que se efetua pela religião. Todavia, embora não existam números oficiais que possam dar uma dimensão mais próxima da realidade com base em critérios outros, caso do censo do IBGE, é preciso levar em conta que muitos indivíduos se reconhecem judeus mesmo sendo ateus ou ainda por outras categorias como cultura e nacionalidade, o que será objeto de análise em um momento posterior deste estudo.

De acordo com os dados reunidos por mim durante o trabalho de campo, descrevo os integrantes da atual comunidade judaica do Recife como sendo, em sua maioria, descendentes de judeus vindos da Europa Oriental, de países como Romênia, Polônia, Rússia e Lituânia. Eram, na maior parte, judeus ashkenazitas que desembarcaram na capital pernambucana a reboque das ondas migratórias do século passado, em especial, as que ocorreram devido à Primeira Guerra Mundial e ao Holocausto, durante a Segunda Guerra Mundial. Tratava-se, então, de um grupo com características diferentes dos primeiros judeus que chegaram ao Recife, os sefarditas, em séculos anteriores, com raízes ibéricas.

Ainda de acordo com o meu trabalho de campo, é possível perceber que os judeus do Recife são também, em sua maioria, profissionais liberais com atividades em áreas diversas como saúde, economia, educação e comunicação. Outra característica é a participação ativa de homens e mulheres nos assuntos de interesse da comunidade que, embora não seja uma das maiores do país, numericamente falando, é considerada uma das mais representativas:

> De acordo com as estatísticas oficiais do governo brasileiro, a população judaica no Brasil passou de 55.668 em 1940 para 69.957 em 1950. O número de judeus no Brasil é estimado hoje em até 130 mil pessoas. Os principais núcleos comunitários

> estão localizados em São Paulo, Rio de Janeiro e Porto Alegre – que perfazem cerca de 80 por cento dos judeus no país, seguidos de Curitiba, Belo Horizonte, Recife e Salvador (BRENNER, 2013, p. 26).

Para estudar o grupo em questão e alcançar os objetivos deste trabalho, foi necessário identificar alguns caminhos pelos quais fosse possível seguir com o mínimo de segurança dada a delicadeza do tema. A morte não é um objeto de estudo fácil de ser explorado. Difícil para quem é observado, difícil para quem observa.

Um desses "caminhos" passa pela **observação participante**, consagrada como método por excelência da Antropologia e que aproxima de uma maneira muito particular, até mesmo íntima, observadores e observados, permitindo, nas palavras de Silva:

> O estabelecimento de um determinado tipo de relação na qual o antropólogo se colocava como instrumento de pesquisa, propiciando à antropologia a perspectiva intersticial (o olhar desde dentro) que é sua ferramenta básica, sua marca registrada (SILVA, 2006, p. 13).

A observação participante ocupa um lugar privilegiado no fazer antropológico também no entendimento de outro antropólogo, no caso, Oliveira[5] (2006). Para ele, é por meio da observação participante que o pesquisador pode reunir elementos fundamentais para a elaboração de seu trabalho. Esse levantamento de dados será tanto mais rico quanto for o cuidado de quem o realiza com o que o autor chama de "faculdades do entendimento sociocultural", que são o olhar, o ouvir e o escrever, três etapas que permitem apreender os fenômenos sociais (OLIVEIRA, 2006, p. 18), como se compreende a morte, considerando-se que, apesar de seu caráter universal, posto que todas as pessoas morrem e em todo o mundo, cada grupo ou

[5] Em diálogo com o antropólogo francês Louis Dumont, dentro de uma análise da disciplina, Oliveira aponta a observação participante e a relativização como sendo dois exemplos de ideia-valor que estão ligados de maneira muito forte às práticas antropológicas.

sociedade tem uma forma própria de concebê-la e, consequentemente, lidar com ela.

No caso desse estudo em particular, a prática da observação participante foi possível a partir do trabalho de campo realizado junto à comunidade judaica do Recife, em momentos distintos. Os primeiros encontros tiveram por finalidade estabelecer contatos, identificar pessoas que pudessem colaborar com informações e verificar documentos que ajudassem a aumentar a quantidade de informações até então.

Nessa etapa, estive no Museu da primeira sinagoga das Américas, a *Kahal Zur Israel*, Congregação Rochedo de Israel, que fica na Rua do Bom Jesus, Antiga Rua dos Judeus, número 197, no histórico Bairro do Recife. No mesmo edifício, funciona o Arquivo Histórico Judaico de Pernambuco, AHJPE, consultado em diversos momentos da pesquisa.

Também estive na Sinagoga Israelita Sefaradi Beit Sh'muel. O nome é uma homenagem ao rabino Sh'muel Essoudry, pai do *chazan* Isaac Essoudry. *Chazan*, em hebraico, e de modo mais simples, significa "cantor" em português. É o responsável por conduzir as orações na sinagoga, em especial, por ocasião do *Shabat* e das festas. Mas não só. O *chazan* lê o *Sefer Torá* e ensina às pessoas da comunidade, podendo ser chamado ainda de *sheliach tsibur*, que significa "enviado da comunidade". Uma curiosidade: de acordo com Unterman, o *chazan* "em teoria, devia ser digno de representar a comunidade: ser casado, usar barba, ter boa reputação, boa aparência, boa voz, e ser bem aceito pela congregação" (UNTERMAN, 1992, p. 64).

Ainda a respeito da Sinagoga Israelita Sefaradi Beit Sh'muel, no período de minhas pesquisas de campo e com o líder religioso Isaac Essoudry, responsável pela sinagona à época, localizada na Rua Martins Júnior, no bairro da Ilha do Leite, no Recife, onde a *Kabalat Shabat* era realizada nas noites de sexta-feira. *Kabalat Shabat* é outra expressão hebraica que significa "recebimento ou aceitação do *Shabat*", reforçando, dia sagrado para os judeus. A *Kabalat Shabat* é um ato litúrgico realizado a cada sexta-feira, sempre ao anoitecer, antes do pôr-do-sol. Nas palavras de Unterman, "a *Kabalat Shabat* consiste em seis salmos, um para cada dia útil da semana, seguidos do hino *Lechá Dodi*, que convida as pessoas a saudarem a noiva *Shabat*" (UNTERMAN, 1992, p. 141).

Aos sábados, a programação inclui o *shacharit* pela manhã e o estudo da *Talmud Torá* à tarde. *Talmud*, ou Talmude, é uma palavra hebraica que quer dizer "estudo" em português. Segundo Kaufman, *Talmud Torá*:

> É a parte oral da Torá e consiste no conjunto de interpretações comunicadas oralmente a Moisés, como suplemento à Torá escrita. Essa compilação escrita da Lei Oral é chamada *mishiná*, que se completa com a *Guemará*, parte que trata dos debates sobre as leis da *mishiná* (KAUFMAN, 2005, p. 257).

Guemará é o nome aramaico do *Talmud*. Sobre *shacharit*, ou *shaharit*, citado um pouco antes, a palavra significa "aurora" em português. Trata-se da oração matinal, a mais longa do dia, e é composta de salmos, hinos e bênçãos. A oração deve ser feita em jejum como forma de demonstrar que o alimento espiritual é mais importante que o alimento do corpo.

Importante visitar a Sinagoga Israelita Sefaradi Beit Sh'muel porque, ao contrário da *Kahal Zur Israel*, que se tornou predominantemente um centro cultural, científico e de preservação da memória, ela mantinha os serviços religiosos para parte da comunidade, além de ser o lugar onde eu podia encontrar Isaac Essoudry, interlocutor indispensável para minha pesquisa e que morreu no dia 13 de novembro de 2017.

Ainda com relação aos itinerários percorridos na capital pernambucana, eles contemplaram um lugar de extrema relevância para os judeus: o cemitério. O espaço onde são enterrados os mortos é tão importante para uma comunidade judaica que defini-lo é a segunda providência que ela toma quando do estabelecimento do grupo em uma dada localidade. A primeira é a abertura de uma sinagoga.

No Recife, atualmente, existem dois cemitérios israelitas. Ambos estão em funcionamento e, apesar de um deles existir há quase 100 anos, nenhum foi o primeiro da cidade. De acordo com José Antônio Gonsalves de Mello (MELLO, 1996), o Instituto Arqueológico, Histórico e Geográfico Pernambucano (IAHGP) guarda em seu acervo registros daquele que, possivelmente, teria sido não só o primeiro cemitério israelita do Recife, mas também de todas as Américas.

Data de 1639 um mapa da cidade desenhado por Johannes Vingboons no qual o cemitério está identificado por "De Jodse Begraef". Quase dez anos depois, em 1648, outro valioso documento reiterou a informação. Trata-se de um mapa de Cornelis Bastiaansz Golijath que se refere ao espaço como "Joden Kerckhof". As indicações de Golijath e Vingboons coincidem ao apontar o mesmo terreno destinado ao sepultamento dos judeus. Nas palavras de Mello:

> Este cemitério estava localizado fora da zona habitada do Recife e de Maurícia, no bairro hoje chamado do Coelho, que era atingido então apenas por via fluvial, pois ficava situado à margem do Rio Capibaribe, pelo que os enterramentos eram certamente feitos em barcos. O cemitério era cercado por uma "boa paliçada" que foi mandada retirar pelo governo holandês quando do início da Insurreição Pernambucana, conforme consta da *Dagelijkse Notule* de 23 de agosto de 1645 (MELLO, 1996, p. 282-283).

Figura 1 – Mapa 1, de Johannes Vingboons, indica localização do primeiro cemitério dos judeus no Recife, em 1639

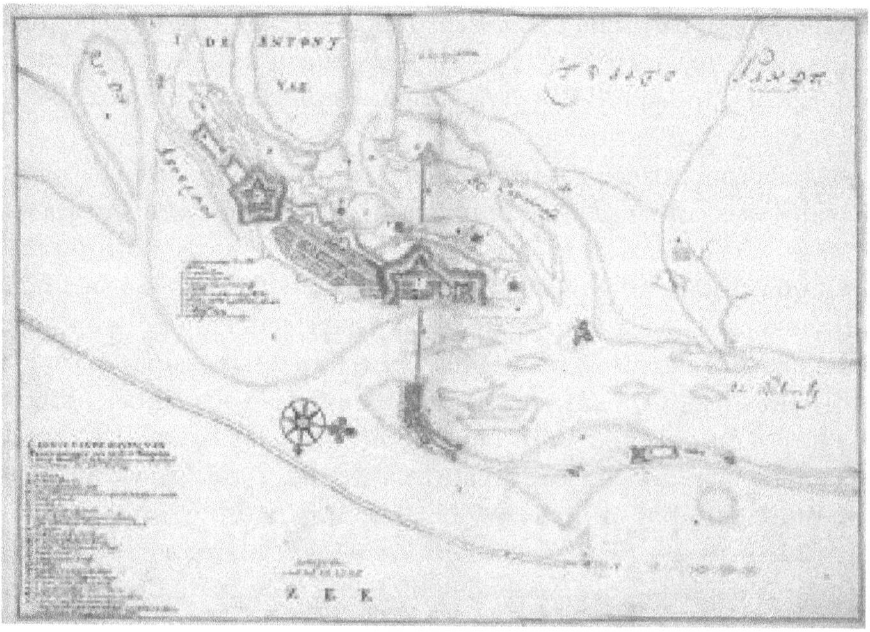

Fonte: GALINDO; MENEZES (2004, p. 41).

Mello conta ainda que, quatro anos antes desse registro de 1645, o governo holandês retirou a proteção do cemitério e em seu lugar mandou instalar uma espécie de posto policial que tinha o objetivo de coibir a prática de contrabando, muito comum naquele trecho do Rio Capibaribe, um dos principais de Pernambuco. Este solo sagrado para os judeus iria se tornar ainda mais vulnerável depois da expulsão dos holandeses em 1654. É que sem a estabilidade e segurança garantidas até então, os judeus viram seus cemitérios e túmulos serem profanados por pessoas ligadas à Igreja Católica, de acordo com Ribemboim e Menezes (2005).

Figura 2 – Mapa 2, de Johannes Vingboons, indica localização do primeiro cemitério dos judeus no Recife, em 1639

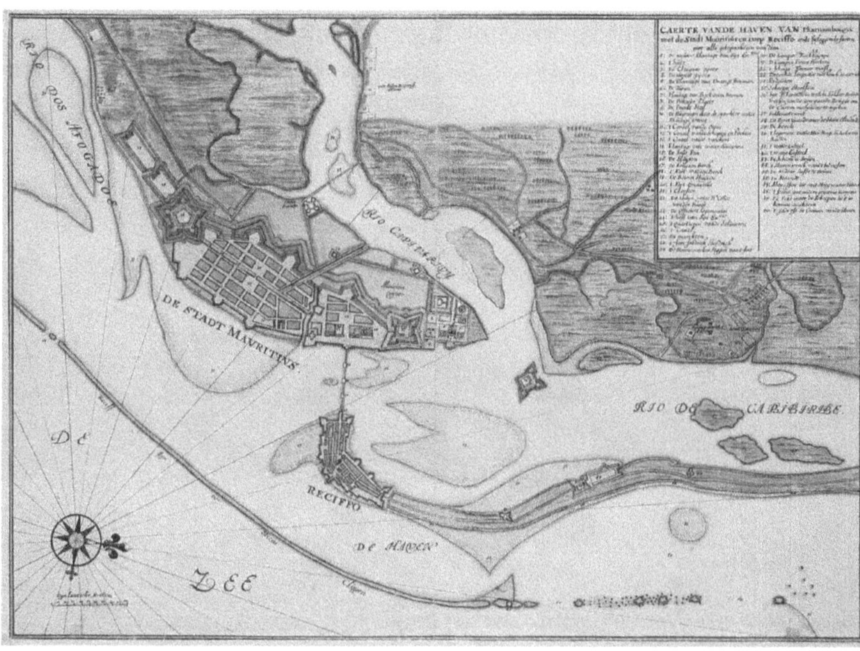

Fonte: https://www.researchgate.net/figure/Figura-1-Mapa-holandes-de-Johannes-Vingboons-da-Cidade-Mauricia-de-Stadt-Mauritius-e-do_fig1_346015927. Acesso em: 26 nov. 2023.

Em trabalho apresentado em 2005, os pesquisadores apontaram qual seria a atual localização do primeiro cemitério dos judeus no Recife. A indicação foi feita a partir do estudo de mapas mais antigos e de outros mais recentes durante a realização das pesquisas. Ao sobrepor os documentos por meio de um processo de triangulação e medidas proporcionais, Ribemboim e Menezes concluíram que o cemitério ocupava um terreno com dimensões consideráveis:

> A provável área onde se situava o cemitério compreendia um polígono que abrangia os fundos de duas instituições religiosas e uma empresa comercial que exercem suas atividades, atualmente, no bairro recifense dos Coelhos. [...]. Sabe-se, a propósito, que quando os judeus eram expulsos dos países onde atuava o Santo Ofício, seus templos e sinagogas eram, via de regra, ocupados e transformados em igrejas do culto católico. Porém, por costume e tradição, por outro lado, no que concerne aos campos santos ou cemitérios judeus, era comum não se edificar absolutamente nada por sobre os mesmos (RIBEMBOIM; MENEZES, 2005, p. 25-26).

Figura 3 – Triangulação Cemitério/ Praça da Velha Maurícia/ Forte das Cinco Pontas. Mapa do Recife de 1639, Atlas de Vingboons, IAHGP

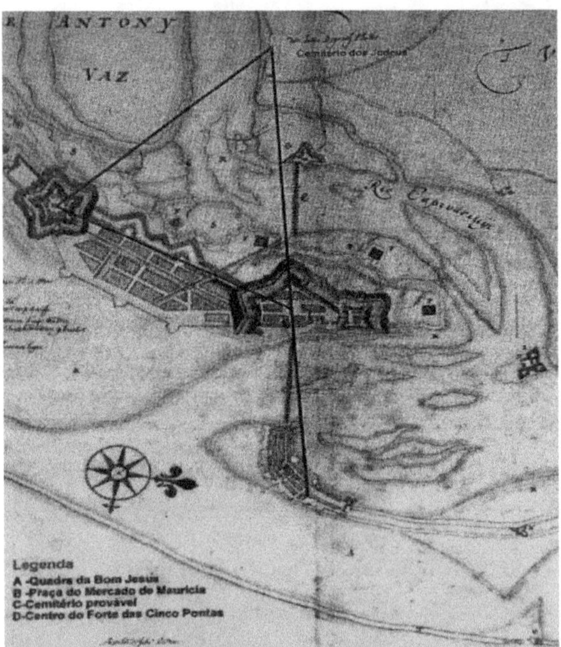

Fonte: RIBEMBOIM; MENEZES (2005, p. 18).

Figura 4 – Mapa do Recife, 1648. Cartógrafo Cornelis S. Golijath (detalhe)

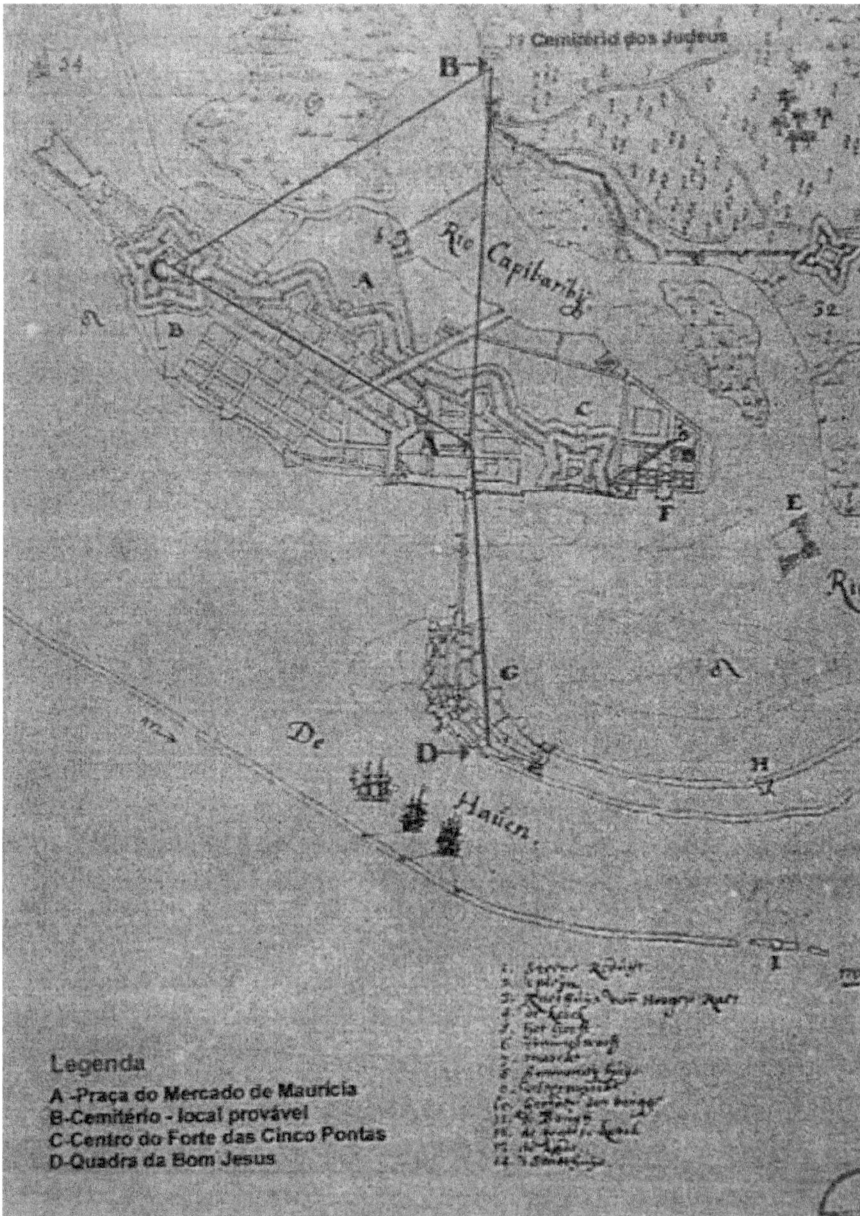

Fonte: RIBEMBOIM; MENEZES (2005, p. 20).

Figura 5 – Mapa do Recife, 1906. Douglas Fox e Whiteney

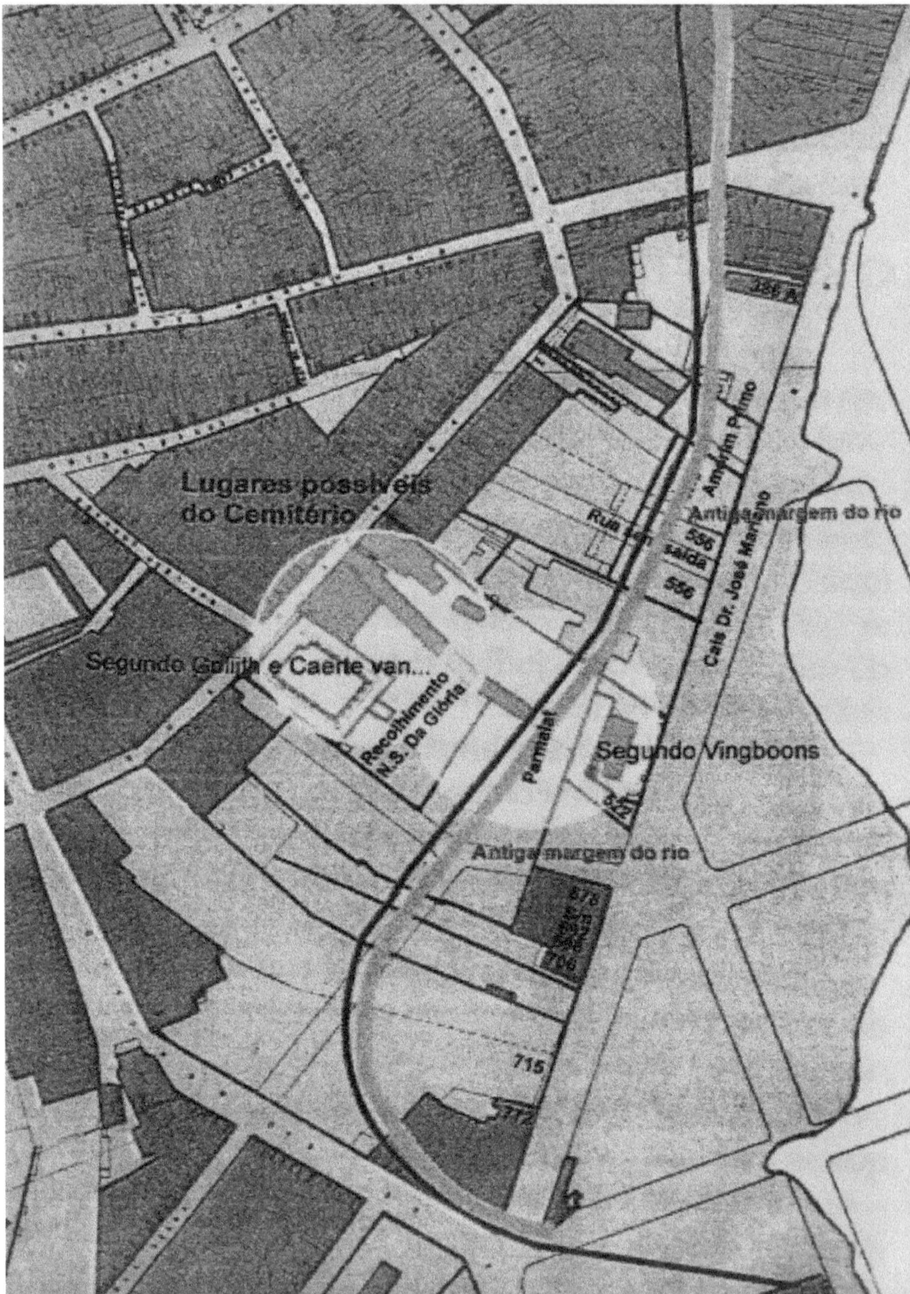

Fonte: RIBEMBOIM; MENEZES (2005, p. 22).

Figura 6 – Parte do primeiro Cemitério Israelita pode estar nos fundos deste imóvel na Rua José Mariano, no Recife

Fonte: https://mapio.net/pic/p-3570069/. Acesso em: 8 nov. 2023.

Ainda segundo os autores, a empresa citada por eles estava situada na Rua Doutor José Mariano, nº 586, no bairro dos Coelhos. Tratava-se do Armazém de Madeiras de Amadeu Barbosa, instalado em um prédio onde antes funcionou a Companhia de Industrialização de Leite de Pernambuco (Cilpe), e depois outra indústria de laticínios, a Parmalat. Na parte de trás do armazém, havia uma área com pouco mais de 5 mil m^2 separada por um muro nos fundos de outros dois terrenos que até hoje pertencem a duas instituições religiosas. Uma delas é a Irmãs de Caridade Filhas de Maria. Essa instituição fica no bairro da Boa Vista e é responsável pelo Dispensário Santo Antônio. Localizado na Rua São Gonçalo, nº 109-A, possui uma área descampada no fundo do imóvel com cerca de 8.800 m^2. A segunda instituição vizinha também faz parte de outro bairro recifense, o da Boa Vista[6]. É a Congregação Nossa Senhora da Glória, na Rua da Glória, nº 375. O convento erguido no local começou a ser cons-

[6] Bairro localizado na região central do Recife e muito conhecido pela presença de judeus, donos de uma grande parte das lojas da região. O bairro da Boa Vista teve moradores ilustres, a exemplo da escritora Clarice Lispector. Hoje, ele sofre com o abandono do poder público.

truído em 1758 e só ficou pronto 33 anos depois, em 1791. Na parte de trás, existe um terreno com aproximadamente 2.100 m², onde não há qualquer edificação (RIBEMBOIM; MENEZES, 2005). A seguir, é possível conferir imagens das fachadas destes imóveis.

Figura 7 – Fachada do Dispensário Santo Antônio

Fonte: https://amigosvoluntariospe.wordpress.com/. Acesso em: 8 nov. 2023.

Figura 8 – Fachada do Convento Nossa Senhora da Glória no bairro da Boa Vista

Fonte: https://maps.app.goo.gl/T5sRRcnN3NVDQaSZ7. Acesso em: 28 nov. 2023.

Apesar dos esforços de alguns pesquisadores a exemplo de Ribemboim e Menezes, ainda não é possível indicar com certeza a localização do primeiro cemitério judeu do Recife, bem como informações preciosas a respeito das condições em que se encontraria e dos judeus nele sepultados.

Como já foi dito, atualmente, no Recife, existem dois cemitérios judaicos em funcionamento. O mais antigo é o Cemitério Israelita do Barro, na Rua Manoel Salvador, zona oeste da capital, ao lado de outro cemitério, o Paroquial do Barro. Um ponto de referência é o sistema do Metrô da cidade. A Estação Werneck fica a poucas quadras do local.

Figura 9 – Vista aérea do Cemitério Israelita do Barro (B), ao lado do Cemitério Paroquial do Barro (A)

Fonte: https://maps.app.goo.gl/FX5EcCAfoYCaKGWPA. Acesso em: 28 nov. 2023.

O Cemitério Israelista do Barro foi inaugurado no dia 02 de junho de 1927, quase dois meses depois de sua fundação, que ocorreu no dia 05 de abril daquele ano. De acordo com a Fundação Joaquim

Nabuco (FJN), antes do funcionamento do Cemitério dos Israelitas, os judeus eram enterrados no cemitério do Recife mais conhecido até hoje, o de Santo Amaro:

> No entanto, quando o Cemitério Israelita passou a funcionar, os restos mortais daqueles hebreus foram transportados para lá. Isso ocorreu em caráter de exceção, porque a retirada dos ossos, muito comum em sepulturas não-judias, não é permitida pela religião judaica. Somente em casos excepcionais é que os túmulos são abertos e, os ossos, retirados (VAINSENCHER, 2008).

Quem chega ao Cemitério Israelita do Barro, ao passar pelo portão principal, logo vê o velório. Na porta azul, ao alto, há uma inscrição em hebraico que significa "Bendito o Juiz da verdade", uma forma que o judeu tem de demonstrar que não culpa a Deus por qualquer tipo de tristeza, neste caso, a morte.

Figura 10 – "Bendito o Juiz da verdade", citação na entrada do velório do Cemitério Israelita do Barro

Fonte: Marjones Pinheiro (2010).

Na parte interior, há uma sala reservada para preparação do corpo, um ritual sobre o qual eu tratarei mais tarde, e um espaço maior para acomodar pessoas sentadas e em pé. Junto à porta de entrada do velório, é possível ver uma caixa onde lê-se em hebraico *Kipot*, plural de *kipá*, um solidéu que os homens são obrigados a usar dentro do cemitério. Também há um suporte para o caixão e, sobre ele, uma claraboia com a Estrela de Davi, permitindo uma melhor iluminação do local.

Figura 11– No teto, detalhe da Estrela de Davi sobre bancada para caixão

Fonte: Marjones Pinheiro (2010).

Figura 12 – Na sala de velório, caixa com *Kipot*, pia e banco para os visitantes

Fonte: Marjones Pinheiro (2010).

Entre o velório e a área reservada aos sepultamentos, é possível observar um grande quadro. Ele informa o nome, as datas de nascimento e morte da pessoa que faleceu e ainda a localização de sua sepultura com a indicação do endereço e número. De acordo com a *Chevra Kadisha* do Departamento da Comunidade Judaica, responsável também por administrar os cemitérios israelitas, até maio de 2017, quando tive acesso aos dados, existiam 967 judeus sepultados no Cemitério do Barro. Desse total, 399 eram mulheres e 568, homens. Durante muitas décadas, eles eram sepultados de um lado, elas, de outro. Foi assim até o dia em que não havia mais espaços vagos para os homens. Desde então, deixou de haver este tipo de separação.

Figura 13 – Quadro com dados em ordem alfabética orienta os visitantes

Fonte: Marjones Pinheiro (2010).

Já o novo Cemitério Israelita fica mais distante do centro, quase na saída da cidade, na Rua Itamonte, sem número, no Bairro do Curado. É vizinho de um dos cemitérios mais populares do Recife, o Parque das Flores, campo santo[7] onde são enterradas pessoas de outras religiões.

[7] Campo santo é uma outra forma de se referir a cemitério. Também é o nome de um dos mais conhecidos cemitérios na cidade de Salvador, capital da Bahia.

Figura 14 – Vista aérea do Cemitério do Curado entre o Jardim Botânico do Recife (B) e o Cemitério Parque das Flores (A)

Fonte: https://maps.app.goo.gl/VNecvVA4EyuJbPYk9. Acesso em: 28 nov. 2023.

Figura 15 – Vista interna do Cemitério Israelita do Curado, Recife

Fonte: Marjones Pinheiro (2017).

O Cemitério Israelita do Curado começou a ser construído em 1995. Dois anos depois, foi realizado o primeiro sepultamento, o de David Jacobovitz Netto, que havia participado ativamente do processo de construção desse novo cemitério, inaugurado apenas em 2012. Eu acompanhei a cerimônia de inauguração que contou com representantes de vários segmentos da comunidade judaica de Pernambuco, entre elas, a *Chevra Kadisha*.

Figura 16 – Primeira sepultura do Cemitério do Curado

Fonte: Marjones Pinheiro (2017).

Figura 17 – Inauguração do Cemitério Israelita do Curado, em 2012

Fonte: Marjones Pinheiro (2012).

A exemplo do Cemitério Israelita do Barro, o do Curado também conta com uma área de preparação dos corpos e um velório. Nele, a estrutura é maior e mais confortável quando comparada à do Barro.

Figura 18 – Sala de velório do Cemitério do Curado

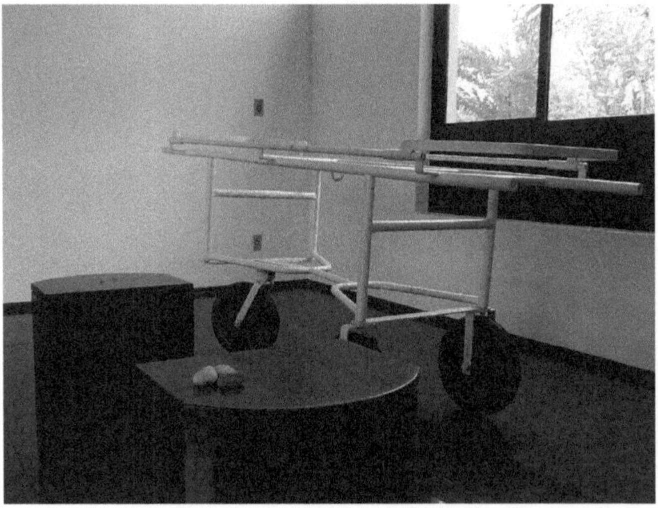

Fonte: Marjones Pinheiro (2012).

Figura 19 – No cemitério, solidéus estão à disposição dos visitantes

Fonte: Marjones Pinheiro (2012).

De acordo com a *Chevra Kadisha*, até maio de 2017, existiam 162 judeus sepultados no Cemitério do Curado, dos quais 61 mulheres e 101 homens. Outros números revelam o início de uma significativa mudança cultural e religiosa. É que o total de indivíduos sepultados aqui inclui 3 marranos e 3 não judeus, pessoas de outras religiões que foram enterradas ao lado de seus cônjuges judeus, no caso de casamentos chamados mistos. Entre esses, há uma exceção. Trata-se de um judeu que pediu para ser sepultado ao lado de sua mulher que não era judia.

Para acompanhar esse novo momento, o Cemitério do Curado vem passando por algumas adequações. Entre elas, a criação de duas quadras distintas para o sepultamento de marranos e não judeus. Ambas ficam no lado esquerdo do cemitério (considerando-se a vista a partir do portão de entrada), separadas das demais quadras, conforme registros a seguir.

Figura 20 – Quadras reservadas a marranos (na parte superior, onde há apenas uma sepultura) e a não judeus (mais a frente) no Cemitério do Curado

Fonte: Marjones Pinheiro (2017).

Figura 21 – Judeu pediu para ser sepultado ao lado da mulher na quadra para não judeus

Fonte: Marjones Pinheiro (2017).

Figura 22 – Quadra reservada aos marranos no Cemitério do Curado

Fonte: Marjones Pinheiro (2017).

Nos locais apresentados há pouco, onde estive em ocasiões diferentes de modo intencional para acompanhar múltiplos eventos, busquei manter todo o tempo o "olhar etnográfico", refinado pela literatura específica, discussões teóricas, inserções acadêmicas e experiências anteriores do pesquisador nas bases do que Oliveira denomina refração do olhar:

> A partir do momento em que nos sentimos preparados para investigação empírica, o objeto, sobre o qual dirigimos o nosso olhar, já foi previamente alterado pelo próprio modo de visualizá-lo. Seja qual for esse objeto, ele não escapa de ser apreendido pelo esquema conceitual da disciplina formadora de nossa maneira de ver a realidade. Esse esquema conceitual – disciplinadamente apreendido durante o nosso itinerário acadêmico, daí o nome disciplina para as matérias que estudamos – funciona como uma espécie de prisma por meio do qual a realidade observada sofre um processo de refração – se me é permitida a imagem (OLIVEIRA, 2006, p. 19).

Como previsto na observação participante, as entrevistas constituíram uma preciosa ferramenta metodológica para realização deste trabalho. A escuta dos judeus do Recife também se baseou na ideia de faculdades do entendimento sociocultural de Oliveira, para quem as entrevistas constituem um "ouvir todo especial". Ouvir o que essas pessoas tinham a dizer, muitas vezes sem dizer uma palavra sequer, foi extremamente rico e fundamental para alcançar os objetivos traçados.

Entretanto, isso só foi possível pelo estabelecimento de um outro tipo de relação em campo, horizontal, sem hierarquias e posições de poder. Uma relação de troca efetiva, baseada no diálogo, que permite a transformação da relação pesquisador/informante em relação entre interlocutores, dentro da qual ambos são beneficiados.

> Essa relação dialógica [...] guarda pelo menos uma grande superioridade sobre os procedimentos tradicionais de entrevista. Faz com que os horizontes semânticos em confronto – o do pesquisador e o do nativo – abram-se um ao outro, de maneira que transforme um tal confronto em um verdadeiro "encontro etnográfico". Cria um espaço semântico partilhado por ambos os interlocutores, graças ao qual pode ocorrer aquela "fusão de horizontes" – como os hermeneutas chamariam esse espaço –, desde que o pesquisador tenha a habilidade de ouvir o nativo e por ele ser igualmente ouvido, encetando formalmente um diálogo entre "iguais", sem receio de estar, assim, contaminando o discurso do nativo com elementos do seu próprio discurso (OLIVEIRA, 2006, p. 24).

Apesar da importância para o projeto, as entrevistas não aconteceram de imediato. Levou-se um tempo para que elas pudessem ocorrer. O tempo do contato, do conhecimento, da aproximação, da superação de eventuais desconfianças de lado a lado, do fortalecimento de vínculos, até o surgimento das condições que permitissem abordar um assunto que, para muitos, é extremamente íntimo, pessoal e, não raro, doloroso. Esse período de mútuo reconhecimento também permitiu identificar quem poderia ser entrevistado.

Após esse processo, foi feita a delimitação do grupo a ser entrevistado. A escolha privilegiou a heterogeneidade dos integrantes, baseando-se nos papéis que cada um tem dentro da comunidade.

Foram escolhidos um líder religioso, duas pesquisadoras das tradições e dos costumes judaicos, dois voluntários da *Chevra Kadisha* – sociedade considerada sagrada pela comunidade judaica e que é responsável pelo serviço funerário –, duas pessoas que perderam um ente querido há pouco tempo e outras duas que ainda não tinham vivido a experiência de perder um parente ou amigo mais próximo.

A escolha dos interlocutores também reflete as limitações encontradas ao longo da pesquisa de campo, que reserva surpresas e exige ajustes de modo a assegurar a continuidade do trabalho. Uma possibilidade para quem opta pela observação participante, como observou Silva:

> Nas pesquisas em sociedades urbanas, devido à heterogeneidade e variação com que os indivíduos participam de diferentes universos de significação e à alta densidade demográfica dessas populações, a observação participante e a coleta de informação são atividades mais complexas em termos da definição de quantas e quais as pessoas com quem estabelecer contato, quais os contextos mais adequados para essa observação etc. Assim, embora as lições de metodologia nos orientem a coletar depoimentos representativos do maior número possível dos segmentos sociais que compõem as sociedades ou grupos observados, nem sempre isso é possível. A experiência mostra que o próprio campo condiciona o que observar e a quem (SILVA, 2006, p. 39).

As entrevistas seguiram o modelo semiestruturado, contemplando questões pensadas a partir de algumas inquietações que surgiram ainda durante a realização do mestrado, depois ao longo da preparação para este trabalho e ainda das leituras sobre o tema. Os depoimentos reunidos também registram questionamentos diversos, próprios do encontro e da interação com o interlocutor.

Filmes[8] relacionados à morte e/ou aos judeus e o registro fotográfico também foram recursos aos quais recorri de modo a alcançar os objetivos deste estudo, mesmo sabendo que ambos apresentavam

---

[8] A título de exemplo, cito três: *O Filho de Saul* (2016), *Sete dias sem fim* (2014) e *Festa no céu* (2014).

limitações impostas pelo tema pesquisado. Entretanto, não quis rejeitá-los por entender que as representações e metáforas suscitadas pelos filmes e, em especial, as fotografias ajudam a compreender esse universo de difícil acesso que, por vezes, se revela e, em outras, não se deixa apreender, como nos leva a refletir Leite:

> A imagem, ora velada pelo esquecimento, ora revelada por novas lembranças ou pela memória alheia, passa de invisível a visível. O longo e árduo trabalho com os paradoxos do visível, que conserva uma profundidade abaixo da superfície, vai descobrindo, com o auxílio das metáforas fotográficas, as diferentes camadas, as ausências e as lacunas, além de envolver a sensibilidade de quem está olhando. E como no processo fotográfico, os processos psicológico e social das personagens fluem das imagens visíveis e nítidas dos seres em movimento constante para as imagens amareladas ou ocultas pelo esquecimento ou pela morte (LEITE, 2001, p. 48).

O resultado desse trabalho é apresentado nas próximas páginas e organizado em quatro capítulos, somados a esta introdução e à conclusão, seção que encerra o livro. No primeiro, busco refazer os caminhos dos judeus até a chegada e instalação deles no espaço que hoje chamamos Recife, bem como descrevo os principais rituais e práticas funerárias mantidos e transformados pela comunidade judaica atual e narro minha experiência durante o acompanhamento de algumas cerimônias fúnebres entre judeus, espíritas e católicos. Desse modo, o objetivo é compreender um pouco mais o grupo observado a partir de sua história, suas experiências e seus fazeres. Nesse percurso, valho-me da luz trazida por autores a exemplo de Kaufman, Mello, Freyre, Cascudo, Novinsky e Vainfas, entre outros.

O segundo capítulo traz algumas contribuições da Antropologia para esse campo sem deixar de lado o diálogo com outras disciplinas. Trata-se de narrativas sobre como diversos grupos elaboram sua relação com a morte, refletindo nas práticas e relações sociais através do tempo. Essas experiências foram compartilhadas por meio de obras representativas de autores diversos. Para citar alguns, Lévi-Strauss, Hertz, Ariès, Motta, Martins e Koury.

Pensar a morte no judaísmo é o fio que une todo o terceiro capítulo desta obra. Além do texto bíblico, que interfere de maneira decisiva nas práticas dentro do judaísmo, as ideias de Luria, Leone e Pecha também amparam as reflexões e análises ao longo da seção que aborda elementos caros à religião, como a ressurreição, a reencarnação e o mundo vindouro.

O quarto e último capítulo mostra de que maneira os judeus do Recife se relacionam com a morte. Não só do ponto de vista prático, cuidando de demandas como velório, sepultamento e costumes, mas principalmente de questões subjetivas que envolvem a noção de pertencimento, de identidade, do modo como se vive a religião, sentimentos e visão de mundo, seja na vida, seja na morte.

Ao fim de cada um desses capítulos, o leitor encontrará depoimentos que me foram concedidos por meus interlocutores e que deram suporte ao trabalho desenvolvido. Considero fundamental apresentá-los ao leitor dada a força dos relatos desses narradores. Histórias e impressões de vida e de morte extremamente caras para quem as partilha e enriquecedoras para quem as ouve. Mais que isso! Sem essas pessoas, não haveria como realizar esse trabalho, que também se funda na oralidade que materializa as memórias individuais e coletiva, sendo elas um material extremamente rico para quem busca compreender um dado grupo, como bem nos lembra Bosi:

> Uma memória coletiva se desenvolve a partir de laços de convivência familiares, escolares, profissionais. Ela entretém a memória de seus membros, que acrescenta, unifica, diferencia, corrige e passa a limpo. Vivendo no interior de um grupo, sofre as vicissitudes da evolução de seus membros e depende de sua interação. [...] por muito que deva à memória coletiva, é o indivíduo que recorda. Ele é o memorizador e das camadas do passado a que tem acesso pode reter objetos que são, para ele, e só para ele, significativos dentro de um tesouro comum (BOSI, 2012, p. 408-411).

A disposição das narrativas em cada capítulo foi feita de acordo com o conteúdo de cada um deles, estabelecendo um diálogo com os temas abordados.

Para além de uma regra ou herança acadêmica, estas palavras devem ser entendidas como um compromisso de honestidade deste pesquisador para com aquele que pretende seguir com a leitura proposta, como sendo esta uma contribuição possível para os estudos sobre o tema e que, apesar de buscar observar as exigências do fazer científico, carrega muito do "observador". Algo do qual dificilmente se escapa, como nos diz Sorj:

> Inclusive numa obra científica, os valores individuais estão sempre presentes, e o único caminho para dialogar sinceramente com o leitor é explicitá-los (SORJ, 2010, p. 9).

2. JUDEUS, COSTUMES E TRADIÇÕES

Neste capítulo, abordo os caminhos que trouxeram os cristãos-novos e judeus a Pernambuco e, em especial, ao Recife, espaço principal deste estudo, ainda no período do Brasil colonial. A reconstrução destes itinerários, marcados por perseguições, adequações e possibilidades de recomeços, é associada à descrição dos principais rituais e práticas ligadas à morte e ao morrer, modificados ou reiterados ao longo dessa presença judaica em solos pernambucanos, como uma forma de compreender melhor os indivíduos observados hoje. Neste capítulo, também apresento algumas notas sobre alguns sepultamentos que acompanhei. Ao fim, trago as impressões de dois judeus da comunidade do Recife sobre a necessidade de atualizar algumas práticas e as várias mortes possíveis. Como dito na seção introdutória deste trabalho, baseio-me em obras de pesquisadores com reconhecida contribuição ao estudo sobre esse grupo, entre os quais posso citar Kaufman, Mello, Novinsky e Vainfas.

2.1. Judeus no Recife

Para os judeus, o tempo pode ser contado em séculos, mas os milênios são mais apropriados. Uma história que remonta aos tempos bíblicos e que não será abordada em detalhes aqui, entre outras razões, porque o momento não é o mais oportuno e por ter sido narrada em inúmeras obras de reconhecida importância, como *História dos Judeus*, de Paul Johnson, para citar apenas um exemplo. Nas linhas que se seguem, faço menção a algumas passagens que estão ligadas ao passado e presente dos judeus no Recife.

Uma delas localiza-se no começo da chamada Era Cristã, mais precisamente no ano 70 quando o Segundo Templo de Jerusalém foi destruído pelos romanos, levando à expulsão dos hebreus do território em que estavam e dentro de um processo que tornou-se conhecido como diáspora. Segundo Vainfas:

> Essa grande diáspora deu origem, na Europa, aos dois grandes ramos do judaísmo: os *ashkenazim*, dispersos pelo norte e centro do continente europeu e falantes de iídiche, uma variante do alemão; e os *sefardim*, concentrados na Península Ibérica e falantes do *ladino* ou *judesmo*, uma variante do castelhano. *Sefarad* era o vocábulo hebraico designativo da Hispânia (VAINFAS, 2010, p. 26-27).

Registro essa passagem porque grupos sefardim e ashkenazim desembarcaram em portos brasileiros e, evidentemente, também pernambucanos, em diferentes períodos da história. Antes que isso ocorresse, no fim do século XIV, a perseguição aos judeus ganhou força na Península Ibérica, controlada por reis católicos. Na ocasião, milhares de judeus acabaram se convertendo ao catolicismo e ficaram conhecidos como conversos. Eles viveram períodos de relativa tranquilidade até 1478, ano em que os reis espanhóis Fernando e Isabel criaram um tribunal de caráter religioso para combater os hereges, grupo do qual faziam parte os judeus, conversos e muçulmanos. Era a Inquisição.

Em 1492, um decreto dos reis da Espanha expulsou pelo menos 40 mil judeus (VAINFAS, 2010), que buscaram refúgio em Portugal. Cinco anos depois, foi a vez dos reis portugueses decretarem a expulsão dos judeus. A decisão implicaria um grande prejuízo à economia do reino português. Por conta disso, os reis tentaram impedir a saída dos judeus, impondo a eles o batismo forçado. Esses judeus convertidos à força ficaram conhecidos como *cristãos-novos*.

Os cristãos-novos e os judeus tornaram-se um dos principais alvos do Santo Ofício da Inquisição, levado a termo com o devido e conveniente consentimento da Igreja. Na Espanha, o Tribunal teve início de forma oficial no fim do século XV, em 1478. Só quase 60 anos depois, em 1536, as atividades começaram em Portugal. Nos territórios lusitanos, as ações eram uma cópia daquelas aplicadas pelos espanhóis. Foram longos 285 anos, e, para além do discurso religioso, a Inquisição serviu a interesses políticos e, sobretudo, econômicos.

> A Inquisição Portuguesa, nascida de uma combinação do poder pontifício com o poder régio, representava quase um terceiro poder, com seus clientes, súditos, funcionários e uma receita particular: os confiscos. No plano das sentenças, o poder civil executava as penas de morte, de onde provém a expressão "relaxar ao braço secular" (NOVINSKY; GORENSTEIN; LEVY, 2015, p. 48).

As penas de morte eram cumpridas em verdadeiros espetáculos de horror chamados de Auto de Fé, acompanhados com entusiasmo por reis, nobres, clero e toda a população, adultos e crianças. O auto costumava durar o dia inteiro e começava com uma procissão. Em seguida, havia uma missa, e o sermão sempre tinha como alvo os hereges, em particular, o judeu. Por fim, os réus ouviam suas sentenças, e os condenados eram queimados vivos na fogueira[9]. Aqueles que, na última hora, arrependiam-se e diziam querer se reconciliar com a fé católica eram enforcados e queimados depois sob o argumento da purificação e salvação da alma.

Para evitar tal fim, não era raro o judeu que quisesse deixar a Península Ibérica e fugir para outros lugares. Holanda, Itália, Inglaterra, Alemanha, Europa Oriental, Norte da África, Safed (na Galileia) e Brasil foram alguns dos principais destinos. Aqui, no Novo Mundo, os cristãos-novos e judeus espalharam-se pelas regiões que, hoje, conhecemos como Minas Gerais, São Paulo, Rio de Janeiro, Espírito Santo, Pará, Maranhão, Rio Grande do Norte, Paraíba, Sergipe, Bahia e Pernambuco[10].

No século XVI, Pernambuco tornou-se um dos principais portões de entrada no Brasil para o povo judeu que tentava escapar da Inquisição. E não só. Havia a promessa de boas oportunidades devido ao negócio do açúcar, que prosperava rapidamente na capitania (MELLO, 1996). Ainda no século XVI, foi em terras pernambucanas, notadamente no Recife, que os judeus alcançaram uma

---

[9] Era denominado de queimadeiro o local destinado à execução dos condenados a morrer na fogueira.

[10] Assim como Pernambuco, Minas Gerais, São Paulo, Rio de Janeiro, Espírito Santo, Pará, Maranhão, Rio Grande do Norte, Paraíba, Sergipe e Bahia são estados brasileiros.

posição de destaque na sociedade do Brasil Colônia, sobretudo no período de dominação holandesa. Entre os anos de 1630 e 1654, os cristãos-novos e judeus estavam diretamente ligados às principais atividades da época.

Como dominavam o português, tornaram-se responsáveis pela intermediação na maioria das negociações com comerciantes estrangeiros, incluindo as transações ligadas ao açúcar. O envolvimento com a indústria açucareira foi tanto que muitos judeus chegaram a ser donos de engenhos dentro e fora de Pernambuco. Na capitania, eles também negociavam toda sorte de produtos, atuavam como profissionais liberais e cuidavam da arrecadação de impostos. Nas palavras de Mello, no Recife, existia uma poderosa nação judaica que crescia de maneira veloz, demandando uma estrutura que se tornou conhecida para além da colônia.

> O rápido incremento da comunidade tornou necessária a assistência de um rabino douto, para dirigir cerimônias e pregar. Um rabino, então no começo de uma carreira já brilhante, Isaac Aboab da Fonseca, aceitou a incumbência de servir no Recife. Tinha ocupado a mesma função a princípio em uma das três sinagogas de Amsterdã, a "Beth Israel", a qual posteriormente foi reunida às duas outras. [...]. Em companhia de Isaac Aboab vieram letrados *sefardim* para a comunidade israelita do Recife: Mose Raphael de Aguilar, o *haham* Jehosua Velozino – talvez o pai de Isaac de Andrade Velozino – e um professor, Samuel Frazão. Aguilar era considerado um hábil gramático e tornou-se leitor da comunidade. Foi um momento de grande brilho para a nação judaica do Recife. Nomes bem conhecidos no mundo judeu estavam reunidos na colônia: Aboab, Aguilar, Velozino, dr. Abraham de Mercado, David Nassy, Eliahu Machorro, Jacob Lagarto. Eram poetas e talmudistas dos quais ainda hoje os nomes são citados com admiração pelos estudiosos do assunto. [...]. Parece que foi no Recife que nasceu a literatura hebraica na América (MELLO, 2007, p. 261-262).

O comentário de Mello corrobora a importância que o Recife tinha à época como um centro econômico, cultural e do pensamento judaico, traço que permanece até hoje, reiterando a escolha da cidade como recorte espacial para este trabalho.

Um segundo movimento migratório ocorreria em fins do século XIX e começo do século XX. Para os judeus, os tempos eram outros, e os motivos para abandonar o lugar onde viviam também. O sentimento de antijudaísmo enfrentado por eles séculos atrás fora substituído por um sentimento antissemita. O problema então não era mais professar a fé mosaica, mas ser judeu. Com o colapso de vários Estados-Nações, era preciso encontrar um responsável, um bode expiatório para os sucessivos fracassos vistos na Europa Ocidental, Central e, sobretudo, Oriental, naquela virada de século. Para citar dois exemplos, a França, em 1871, e a Alemanha, em 1918, saíram derrotadas das guerras em que se envolveram. Prejuízos enormes, perdas econômicas e sociais.

A primeira metade do século XX ainda reservava algo tão horrível quanto ou até pior: o nazismo, projeto racista levado a cabo por Adolf Hitler com a perseguição, tortura e morte de milhões de judeus. De novo, uma quantidade tão grande quanto imprecisa de judeus escolheu o Brasil como destino e uma possibilidade de sobrevivência. Entretanto, a origem desses judeus mudou, como afirma Kaufman:

> As migrações recentes, do final do século XIX e da primeira metade do século XX, envolveram, em maior quantidade, judeus de origem ashkenazita da Europa Oriental e Central e, em menor número, sefarditas da Turquia, Líbano e da então Palestina (KAUFMAN, 2005, p. 35).

Estas reflexões fazem parte de um necessário exercício para quem se propõe a entender um fenômeno social: observar o outro. Não apenas a observação objetiva, deter-se nesse outro ou grupo, mas vê-los também a partir de outros lugares que não o nosso. Falo de outras áreas de produção do conhecimento, de realidades diversas, as artes. Quem soube fazer isso muito bem foi Cascudo. Para citar dois aspectos que têm a ver com este trabalho, ele se ocupou dos gestos do brasileiro e da construção de seu universo mítico a partir de suas lendas e folclore. Em sua obra *Mouros, franceses e judeus: três presenças no Brasil*, como grupos que ao país chegaram e dele passaram a fazer parte, Cascudo não deixou de observar como os judeus viviam e enfrentavam as demandas trazidas pela morte nos séculos XIX e XX:

> Os judeus eram, historicamente, mais comedidos, moderados e compostos ante seus defuntos queridos, embora com lamentações ruidosas e gesticulação exagerada. Partilhavam do rito das exéquias relativamente mais silenciosas e meditativas. Bem possivelmente fosse outra herança dos quatrocentos anos de convivência egípcia" (CASCUDO, 2001, p. 99).

2.2. A morte e o luto no judaísmo

Alinhado com o pensamento de alguns autores, a exemplo de Oliveira e Radcliffe-Brown, também comungo da ideia de que os rituais são práticas por meio das quais é possível conhecer e apreender qualquer grupo social. Como afirma Peirano, "em qualquer tempo ou lugar, a vida social é sempre marcada por rituais" (PEIRANO, 2003, p. 7).

Para seguirmos nosso itinerário, considero imprescindível a abordagem dos principais rituais realizados pelos judeus por ocasião da morte e seus desdobramentos. Nas próximas linhas, apresento aqueles que considero os mais representativos com base em outro estudo realizado por mim e que retomo aqui por entendê-lo pertinente. Reforço: as informações que seguem correspondem a apenas uma parte da pesquisa realizada, mas com as devidas atualizações. Pontuo ainda que algumas fotos serão disponibilizadas com o único objetivo de enriquecer a narrativa, partindo do princípio de que elas poderiam facilitar a compreensão do leitor.

A partir dessas premissas, é preciso que se saiba que todas as leis que envolvem o morrer e o luto no judaísmo pautam-se em dois princípios considerados fundamentais. Um é o *kevod ha-met*, que impõe um respeito absoluto com relação à pessoa morta, tanto no que tange à memória quanto à manipulação e exposição do corpo. O outro princípio é o *kevod he-chai*, que norteia o modo como devem ser tratados aqueles que perderam o ente querido, sempre numa perspectiva de conforto emocional e austeridade. Conhecendo-se esses "quase mandamentos", os aspectos a seguir ganham outra dimensão.

Com o anúncio da morte, toda a água reservada em casa deve ser descartada, um costume que remonta à Idade Média e identificada no Brasil desde tempos coloniais.

> Em Pernambuco, um dos primeiros registros do costume data de 1593, durante a primeira visitação do Santo Ofício ao Brasil. Naquele ano, os inquisidores, de passagem por Olinda, receberam várias denúncias. Muitas citavam ocorrências relacionadas a ritos fúnebres realizados de forma discreta e, até mesmo, disfarçada. Uma dessas denúncias foi feita contra a cristã-nova Branca Mendes (PINHEIRO, 2012, p. 40).

Após o derramamento das águas, o corpo deve ser colocado no chão, desde que não haja algum impedimento, como a morte ter ocorrido em uma unidade de saúde e que, por essa razão, siga algum protocolo específico, por exemplo. Em seguida, os braços do morto devem ser estendidos ao longo do corpo e os olhos, fechados pelo filho mais velho ou algum parente próximo, na falta daquele. Esse costume é associado a uma passagem do livro de Gênesis, na qual Deus antecipa a Jacob que José fechará os olhos do patriarca após sua morte.

Outro aspecto muito importante: parte alguma do corpo da pessoa morta pode ficar exposta[11], nem mesmo durante o velório. Antes que ele comece, o corpo passa por um ritual chamado *Tahará*. Em hebraico, a palavra significa "purificação". Trata-se de um dos costumes mais antigos e respeitados pelos judeus e que é realizado no cemitério com o uso de uma tábua ou mesa própria para tal fim. Os responsáveis por fazer o ritual da purificação integram um grupo restrito que tem a função de cuidar dos assuntos fúnebres e é conhecido como *Chevra Kadisha*; em português, Sociedade Sagrada.

A *Tahará* é realizada com muito cuidado, de acordo com a tradição que acabou por dar corpo a um conjunto de regras. Para começar, a purificação do corpo de uma mulher só pode ser feita por

---

[11] Corrobora o princípio do *kevod ha-met*, que determina total deferência e respeito no tratamento dispensado à pessoa morta.

um conjunto formado unicamente por mulheres. O mesmo se aplica aos homens. Durante o processo, são pronunciados dois salmos: o Salmo 91 e o Salmo 16, nesta ordem. Concluído o ritual, veste-se o corpo com a mortalha, um tipo de veste que pode chegar a ter até sete peças, desde que feitas sem nós (para facilitar a volta à vida após a chegada do Messias), sem bolsos (porque não se leva nada deste mundo) e de um tecido simples. Atualmente, morim tem sido o tecido mais utilizado. De preferência, na cor branca, que simboliza a paz para os judeus. O uso da mortalha é tão antigo em nossas terras que foi motivo de inúmeras denúncias feitas ao Santo Ofício da Inquisição, quando de visita à colônia, no século XVI.

Vestida a mortalha, colocam-se pequenas pedras sobre os olhos e a boca do morto, de acordo com os entrevistados para esta pesquisa, que possuem décadas de experiência na realização do ritual. Dois de meus interlocutores, Lígia Bender e Isaac Essoudry, em momentos diferentes, chamaram atenção para um aspecto interessante:

> Cada movimento, cada tarefa executada só é feita depois de um pedido de permissão àquele que morreu, ainda que se saiba que não haverá uma resposta verbal. Verbal porque há outras respostas, segundo eles. Para Bender e Essoudry, através do corpo, os mortos falam. Exprimem sua alegria ou descontentamento. A ausência ou excesso de rigidez muscular, facilitando ou não a lavagem de purificação (PINHEIRO, 2012, p. 46).

Figura 23 – Isaac Essoudry e Lígia Bender foram responsáveis pela *Taharά* na comunidade do Recife

Fonte: Marjones Pinheiro (2012).

Em seguida, o corpo é colocado dentro do caixão com um pouco de areia. Essa areia representaria Israel, significando a volta do judeu para casa. Antes que o caixão seja fechado, a família é chamada para ver o ente querido pela última vez. Como citei há pouco, no velório, o caixão permanece todo o tempo fechado. Ainda a respeito do caixão, ele deve ser feito de um material barato e de fácil decomposição. Existe a informação de que essas condições estariam alinhadas com uma passagem da Torá, que é a escritura sagrada dos judeus composta pelos livros correspondentes ao que se convencionou chamar Antigo Testamento em outras religiões. Essa passagem está no livro de Gênesis e diz que "Porque és pó, e em pó te hás de tornar" (Gênesis (3:19), 2016, p. 13).

Outro costume registrado em todo o estado de Pernambuco é nunca deixar o morto desacompanhado. Sempre há alguém presente, desde o momento da morte até o sepultamento. O nome dado a esse(a) acompanhante que tem como uma de suas tarefas a recitação de salmos é *shomer* ou *shoméret*, quando mulher. A palavra significa "alguém que vigia".

Velas também não podem faltar por ocasião do velório, durante a primeira semana de luto e nos principais aniversários de morte. Entre os judeus, a vela é comparada ao corpo do indivíduo e sua chama, à alma dele. Flores, entretanto, não são comuns. Não existe o costume na tradição judaica. Quando vistas, em sua maioria, trata-se de uma demonstração de apreço de alguém de outra religião para com o morto e sua família, o que pode indicar a facilidade que o judeu tem em se integrar aos grupos presentes nos locais onde estão inseridos.

Ao velório, que costuma ser breve, segue-se o sepultamento. Durante o percurso até o túmulo, as orações não param e o Salmo 91 é recitado sete vezes. Um detalhe observado à risca é o prazo para sepultamento, que não deve exceder 24 horas. Exceções são permitidas apenas quando é necessário esperar a chegada de algum parente ou amigo que vem de longe ou quando se trata de alguma personalidade de destaque na comunidade judaica, o que requer um tempo maior para cumprimento de práticas ligadas ao cerimonial em questão.

Respeitados os prazos, o judeu deve ser enterrado no chão. Por muitos anos, houve o costume de enterrar o corpo diretamente na terra sem o uso do caixão, sobretudo no interior de Pernambuco. Em alguns cemitérios, era fácil encontrar "sobrando" um caixão que havia sido descartado na hora do sepultamento. Ganhou até um nome popular: o "caixão da caridade", doado a famílias sem condições de pagar por um. Hoje, não são mais vistos. Nem nas cidades do interior, muito menos no Recife. O uso dos caixões é obrigatório, em função da legislação e de questões sanitárias.

A exemplo de outras religiões, o sepultamento de alguém que tirou a própria vida difere em dada medida dos demais. A princípio, um suicida não podia ser enterrado no cemitério israelita. Assim foi por um longo tempo. Entretanto, há alguns anos, essa realidade começou a mudar, acompanhando as transformações motivadas por novas interpretações entre os judeus. Embora não seja consenso absoluto, em muitas comunidades os suicidas são vistos como pessoas doentes ou que se encontraram em uma situação-limite, optando por acabar com a vida como forma de não cometer homicídio, idolatria ou imoralidade sexual. Hoje, eles são aceitos nos dois cemitérios israelitas de Pernambuco, mas continuam segregados. No cemitério localizado no bairro do Curado, mais recente, havia apenas um túmulo de suicida por ocasião desta pesquisa. Ficava longe dos demais, junto ao muro que cerca o imóvel. Interessante apontar que não constava no local qualquer informação sobre a pessoa morta ou quando nasceu e morreu. Perguntei se a falta de informação correspondia ao período mínimo observado para instalação da pedra tumular. Como resposta, um funcionário do cemitério disse que não. No Cemitério do Barro, não há registro de enterro de nenhum suicida.

Figura 24 – Túmulo de suicida junto ao muro, sugerindo certo abandono, no Cemitério do Curado

Fonte: Marjones Pinheiro (2017).

Figura 25 – Detalhe da sepultura de suicida

Fonte: Marjones Pinheiro (2017).

De modo geral, os sepultamentos não podem ser realizados em dias festivos ou sagrados como o *Shabat*, que é o dia reservado ao descanso para os judeus, e o *Yom Kipur*, Dia do Perdão. É no *Yom Kipur* e no *Rosh Hashaná* que costumam ocorrer as visitas[12] aos túmulos das pessoas queridas, a exemplo do que fazem os católicos no dia 02 de novembro de cada ano, o Dia de Finados.

Encerrada a cerimônia, o judeu não vai embora sem antes lavar as mãos. Nos cemitérios israelitas, junto ao portão de saída, há sempre uma pia para atender a essa tradição. Ela é tão antiga e forte que, mesmo quando os judeus vão a um enterro de pessoas de outra religião, eles também procuram algum lugar próximo para lavar as mãos antes do retorno para casa.

Para muitos judeus, a morte é revestida de um caráter de "poluição", daí a necessidade de fazer essa limpeza. Também é grande o número de pessoas que acreditam que a água teria o poder de afastar os maus espíritos que costumam vagar pelos cemitérios, evitando que viessem a ser uma companhia indesejável. Entretanto, alguns pesquisadores não entendem a lavagem das mãos como um ato de purificação, mas como uma demonstração de afeto, porque a água também é símbolo de vida para os judeus.

Outro modo de demonstrar apreço por quem morreu é ir ao funeral ou visitar um túmulo, uma forma de amparo emocional para com a família enlutada. As duas ações são extremamente valorizadas pela tradição judaica e estão de acordo com os princípios do *kevod ha-met* e do *kevod he-chai*, já comentados anteriormente. Outro modo de externar o cuidado com aqueles que acabaram de perder um ente querido é a *Seudat Havraá*, que significa Refeição de Condolência. Ela é preparada por outros parentes, amigos íntimos ou vizinhos que entendem a falta de condições dos enlutados para cuidar dos afazeres de ordem prática, considerados menores, mas necessários. Não há muitas restrições[13] alimentares para essa primeira refeição após o funeral, mas são preferidos itens associados a

---

[12] Essas visitas também podem ser feitas em outras datas significativas, como é o caso das festas de *Pessach*, *Sukot* e *Shavuót*, embora o volume de visitantes seja menor.

[13] Não há restrições, observando-se, certamente, as exceções impostas pela lei dietética judaica, a *kashrut*.

símbolos da vida eterna, a exemplo de *beigels* redondos, rocamboles e ovos, cozidos e duros.

No Recife, encontrei relatos da tradição, mas ninguém que ainda mantenha o costume. A situação é diferente da que registrei no interior de Pernambuco. Na cidade de Gravatá, uma das entrevistadas ficou surpresa e muito comovida com a demonstração de carinho e zelo que recebeu de pessoas próximas após a morte da mãe. "Elas (pessoas próximas) cuidaram da casa e abasteceram a dispensa sem que tivesse sido pedido", contou minha interlocutora.

Apesar da gentileza e da atenção no que se refere à Refeição de Condolência, recomenda-se que visitas só sejam feitas a partir do terceiro dia após o enterro. Este pequeno intervalo seria necessário para que a família pudesse organizar melhor as ideias e começar a entender tudo que está se passando. Os sete primeiros dias após a morte costumam ser os mais difíceis e correspondem à semana de luto fechado chamada de *Shivá*, que significa "sete", em hebraico.

A *Shivá* impõe uma série de mudanças à rotina dos enlutados, assinalando o período em que eles se encontram em um estágio diferente do restante da comunidade judaica. Importante observar que a guarda da *Shivá* fica suspensa no *Shabat* e durante os feriados santos e festivos como forma de afirmar que, para o povo judeu, a alegria sempre será maior que a tristeza e a dor.

De acordo com minhas pesquisas, em Pernambuco, a obediência à *Shivá* foi e continua sendo um dos traços culturais e religiosos mais importantes entre os judeus, embora as práticas apresentem-se flexibilizadas, resultado das mudanças impostas pelo tempo, clima, condições socioeconômicas e encontro de culturas, implicando em perdas e assimilações.

Entre as práticas mais evidentes está a exigência do *miniam* para a realização de grande parte dos serviços religiosos. *Miniam* significa "contagem" em hebraico e expressa a quantidade mínima de dez judeus adultos e do sexo masculino com 13 anos de idade ou mais. Apenas na presença desse grupo pode-se cumprir uma série de recomendações da *Shivá*, como recitar a Oração dos Enlutados, o *Cadish*. A oração deve ser recitada na presença de um *miniam* completo. Antes, apenas os filhos homens com mais de 13 anos de idade poderiam fazer a oração e, na falta deles, parentes e amigos. Atualmente, as filhas também recitam o *Cadish*, exceto entre os ortodoxos. Trata-se de um compromisso diário durante o período de 30 dias conhecido como *Sheloshim*. Caso a morte tenha sido do pai ou da mãe, a oração deve ser feita, diariamente, durante 11 meses.

Outra prática mantida durante a *Shivá* é a cobertura dos espelhos da casa, entre outras razões, como forma de lembrar que, nesse período, não é adequado ter preocupações ligadas à vaidade. O corte de cabelo, cuidados com barba e unha, maquiagem e banhos com fins de relaxamento e prazer são proibidos, no entanto, é permitido continuar com a higiene pessoal. A inquietação e o desconforto emocional vivenciados ao longo dos sete dias de luto devem ser demonstrados ainda em outras ações diárias, a exemplo da troca de cadeiras comuns ou poltronas por bancos mais baixos e simples e o uso de sapatos pouco confortáveis.

Não se pode esquecer da *Keriá*, outro costume antigo que remonta a tempos bíblicos e que consiste em fazer um rasgo na roupa como fizeram Jacó, Davi e Jó[14]. A tradição determina que o corte nas roupas seja feito do lado esquerdo quando se trata da morte de pai e mãe. Para todos os demais, considera-se o lado direito. A *Shivá* termina no sétimo dia de morte logo após o serviço religioso da manhã, com o recebimento das palavras de consolo. É quando os enlutados costumam dar uma volta no quarteirão onde moram como forma de mostrar à sociedade que eles já se encontram em condições de retornar ao grupo do qual fazem parte. A comunidade, por sua vez, recita a estrofe final do hino *Lechá Dodi* durante o serviço religioso noturno da primeira sexta-feira após o sepultamento. O gesto mostra que aqueles que foram apartados dos demais durante um período são aceitos de volta.

Com o fim da *Shivá*, fica liberada a realização de uma cerimônia muito importante: a Consagração da Lápide ou Descoberta da *Matzeivá*. É a inauguração do monumento ao parente que morreu, apresentando nome, datas de nascimento e morte e, frequentemente, algum símbolo da tradição judaica. Na maioria das vezes, a cerimônia é realizada por um rabino, que costuma recitar salmos,

---

[14] Jacó rasgou suas vestes ao saber que José foi morto por animais. Davi fez o mesmo quando soube da morte do Rei Saul, e essa também foi a forma que Jó encontrou de demonstrar o desespero que sentiu com a morte dos filhos.

em particular o Salmo 118, após um ano do falecimento e na presença de parentes e amigos próximos.

Figura 26 – Sepultura antes da Descoberta da *Matzeivá*

Fonte: Marjones Pinheiro (2017).

Nos cemitérios israelitas, é comum encontrarmos pequenas pedras sobre os túmulos. Elas são deixadas pelos visitantes como uma demonstração de lembrança e respeito por aqueles que morreram, não importa se eram pessoas próximas ou não.

Figura 27 – Pedrinhas estão à disposição dos visitantes no Cemitério do Barro

Fonte: Marjones Pinheiro (2010).

Figura 28 – As pedras sobre os túmulos simbolizam respeito e afeto

Fonte: Marjones Pinheiro (2010).

2.3. Notas sobre um sepultamento

Uma das maiores dificuldades para realizar este estudo foi acompanhar as cerimônias fúnebres. Um problema de ordem prática. A morte ocorre a qualquer hora, do dia ou da noite. Ela chega sem avisar, surpreende e desestabiliza a todos. Por isso mesmo, neste momento, é difícil alguém lembrar que existe um pesquisador à espera de um aviso para poder realizar seu trabalho. É possível também que muitas famílias tenham preferido não informar a ocorrência de uma morte de modo a evitar a presença de "um estranho", registrando e tomando notas de tudo, ainda que de forma ética e respeitosa, durante um período que, além de breve, é tão íntimo e delicado para aqueles que acabaram de perder um ente querido.

Embora a situação seja absolutamente compreensível e por maior e permanente que fosse o contato com a comunidade judaica e com as pessoas que trabalhavam nos cemitérios israelitas do Recife, reiterando o pedido para que me fosse informada a morte de alguém, raras foram as vezes em que fui comunicado de que ela ocorrera. Esse número não chega a 5 durante toda minha pesquisa de campo. Desse total, é preciso considerar ainda que ser informado nem sempre significou acompanhar o velório e/ou o sepultamento, visto que não pude estar presente em alguns casos devido a questões diversas como, por exemplo, eu não conseguir chegar em tempo ou estar fora do Recife.

Houve apenas uma vez em que me foi possível acompanhar parte do velório e o sepultamento de um judeu. Como só pude falar com a família após toda a cerimônia, optei por não fazer qualquer registro fotográfico para não ser invasivo ou parecer desrespeitoso. Este é um cuidado imperativo que deve ter o pesquisador e que carrego do tempo em que trabalhei como repórter de televisão. Sobre esse período, lembro que, com frequência, eu era escalado para cobrir velórios e enterros. Em todas essas ocasiões, costumava pedir aos meus colegas de equipe que aguardassem do lado de fora até que eu procurasse alguém da família e recebesse autorização para que nós pudéssemos entrar, fazer imagens e conversar com as pessoas presentes. Quando, mesmo após alguma insistência dentro do que permite o bom senso, a resposta era negativa, voltava para redação e explicava que teríamos que buscar outra forma de contar aquela história, mas esse é outro assunto.

De volta ao cemitério judeu, em um tempo no qual já se esgotava o período previsto em cronograma para minhas incursões a campo, recordo que fazia calor e o céu estava cinza quando cheguei para o velório. Havia muita gente e, como o espaço reservado à cerimônia era pequeno, tinha-se a impressão de que o número de pessoas era ainda maior. Elas estavam espalhadas, a maioria em pequenos grupos. Os parentes mais próximos do morto estavam ao lado do caixão. Ele estava completamente fechado e era de madeira, muito simples, sem adornos, com uma vela acesa ao lado, como determina a tradição. Um fato que me chamou a atenção foi a ausência de coroas de flores, tão comuns em cerimônias fúnebres nas quais o morto professava outras religiões que não o judaísmo.

Eu percebi que o velório se aproximava do fim quando um rabino pediu a palavra e fez a recomendação do corpo a Deus. Neste momento, ele falou palavras em hebraico e em aramaico. Como não domino esses idiomas, não consegui tomar nota do que era dito. Entretanto, perguntei a algumas pessoas presentes o que o rabino falava e elas me disseram que, de modo geral, ele citava trechos da *Torá* que sugeriam conforto e aceitação dos desígnios de Deus e que, de modo algum, o homem poderia se revoltar contra Ele pela morte de qualquer pessoa.

Em seguida, o rabino usou uma tesoura, que não era grande, para realizar a *Keriá*, um gesto que simboliza a tristeza e a dor pela morte de uma pessoa querida. Trata-se de um pequeno corte feito no sentido vertical, próximo à gola da roupa dos parentes próximos. Neste sepultamento, o rabino fez o corte no lado esquerdo da camisa do filho mais velho do morto, como determina a tradição, quando quem morre é o pai ou mãe. Acho importante lembrar que, nos casos em que o morto é um dos demais parentes, o corte é feito do lado direito (como já detalhado no capítulo anterior). Na sequência, o rabino fez a *Keriá* nos outros filhos e o velório foi encerrado.

Naquele instante, observei que algumas pessoas foram embora. Penso que, talvez, o sepultamento fosse um momento mais doloroso e que elas preferiram não presenciar. Já aqueles que permaneceram formaram uma espécie de cortejo silencioso, apesar do choro de alguns. Na breve caminhada, foi possível identificar outra antiga prática judaica: a realização de sete paradas até o túmulo. Os coveiros estavam no local e, usando cordas, desceram sozinhos o caixão na cova. Uma informante que estava próxima a mim disse que, em muitas situações, parentes e amigos costumam ajudar os coveiros no manejo das cordas utilizadas para descer o caixão. Sobre ele, o condutor da cerimônia jogou punhados de terra, leu alguns textos e recitou Salmos. Entre eles, o Salmo 118, que é composto de capítulos, e cada um deles corresponde à uma letra do alfabeto hebraico. Como é costume, foram recitados os capítulos com as letras que formavam o nome do morto, que não citarei aqui. Após os Salmos e as bênçãos, o filho mais velho do falecido rezou o *Cadish*:

> Exaltado e santificado seja o Seu Grande Nome (congregação: Amém) no mundo que Ele criou por Sua vontade. Queira Ele estabelecer o Seu Reino e determinar o ressurgimento da Sua redenção e apressar o advento do Seu Ungido (congregação: Amém), no decurso da vossa vida, nos vossos dias e no decurso de toda a Casa de Israel, prontamente e em tempo próximo; e dizei Amém. Seja o Seu Grande Nome bendito eternamente e para todo sempre; Seja bendito, louvado, glorificado, exaltado, engrandecido, honrado, elevado e excelentemente adorado o Nome do Sagrado, bendito seja Ele (congregação: Amém), acima de todas as bênçãos, hinos, louvores e consolações que possam ser proferidos no mundo; e dizei Amém. Que haja uma paz abundante emanada do céu e vida boa para nós e

> para todo o povo de Israel; e dizei Amém. Aquele que firma a paz nas alturas, com sua misericórdia, conceda a paz sobre nós e sobre todo Seu povo Israel; e dizei Amém (SCHVARTZ, 1998, p. 51).

Encerrada a oração, o condutor da cerimônia perguntou se alguém queria jogar uma pá de terra sobre o caixão. Os filhos e alguns amigos pediram para fazê-lo, e, depois, os coveiros continuaram o trabalho. Enquanto eles concluíam o sepultamento, duas pessoas pediram a palavra e ressaltaram as qualidades do morto enquanto pai, marido e amigo. Foi um momento muito emocionante, até porque estava mais evidente o caráter de despedida, considerando-se que as pessoas presentes começavam a deixar pedrinhas sobre o túmulo como sinal de afeto e respeito. Logo após, os enlutados, ainda no cemitério, receberam palavras de conforto e apoio de todos os que permaneceram até o fim da cerimônia. Quando eu me encaminhava para a saída, ainda pude observar que as pessoas, antes de partirem, lavavam as mãos na pia próxima ao portão do cemitério, outro costume judaico já abordado anteriormente.

O comportamento das pessoas que compareceram ao sepultamento também chamou minha atenção. Eram perceptíveis a dor, a tristeza e a fragilidade daqueles que tinham acabado de perder o ente querido, mas, de certo modo, as expressões eram contidas, silenciosas, sem demonstração de desespero, embora pudesse existir. Para mim, foi impossível não comparar esta experiência com os inúmeros sepultamentos de pessoas de outras religiões que já presenciei.

Certa vez, acompanhei a cerimônia fúnebre de um espírita. Os parentes mais próximos também eram kardecistas. O velório transcorreu num clima de absoluta serenidade no Cemitério Parque das Flores, no Recife. Os filhos e a esposa estavam tristes. Eles choravam, mas nenhuma demonstração de desespero. O mesmo podia ser dito dos amigos que ali estavam. Ao contrário dos costumes judaicos, o caixão estava aberto, havia muitas coroas de flores e velas. No momento de fechar o caixão, um amigo da família conduziu as preces, pediu pelo espírito do morto e a ajuda espiritual das pessoas próximas que já haviam morrido. Um grupo de amigos católicos pediu para cantar uma música como forma de despedida e, deste modo, todos se encaminharam para o sepultamento, mantendo o clima de quietude e tranquilidade.

Eu também acompanhei a cerimônia fúnebre de uma tia minha que era mãe de santo. O velório ocorreu no Cemitério de Santo Amaro, o principal do Recife, em Pernambuco. Foi uma experiência extremamente marcante para mim, pois nunca havia presenciado algo parecido e, àquela época, eu ainda não era pesquisador do tema. A primeira coisa que me chamou a atenção foi a quantidade de pessoas presentes e de várias religiões. Seguidora e praticante do candomblé, minha tia tinha amigos entre os evangélicos, católicos e espíritas. Fiquei emocionado com o carinho com o qual todos se referiam a ela. Outro detalhe que observei é que a cerimônia acabou se transformando em duas. Em um primeiro momento, os parentes e parte dos amigos fizeram suas orações, preces e homenagens de acordo com a orientação religiosa de quem pedia a palavra. A maioria dos parentes próximos era formada por católicos e evangélicos. Seguiram-se ladainhas e cânticos.

Em um segundo momento, o cenário mudou por completo. Em torno do caixão, formou-se um grande círculo branco. Vestidos assim, todos os que frequentavam a casa de santo que ela conduzia e que puderam estar presentes realizaram os rituais próprios da religião. Pude perceber que, entre outras práticas, os iniciados usaram pipoca. No candomblé, é comum o uso da pipoca em rituais de limpeza, harmonização e cura. Durante todo o tempo, a música se fez presente. Os instrumentos de percussão levados por eles transformaram o ambiente, afastando o clima triste e choroso. A morte deixou de ocupar um lugar central na atenção das pessoas. Era a vida de uma mulher que estava sendo celebrada. Uma vida que continuaria, a partir dali, em outro plano.

O maior número de sepultamentos que tenho acompanhado até hoje tem sido de pessoas que professam a fé católica. Nestes casos, as cerimônias fúnebres são muito parecidas. De início, há um velório, que pode durar mais ou menos tempo. Essa variação quase sempre está ligada ao horário em que ocorreu a morte e ao período de funcionamento do cemitério escolhido. No local, é comum vermos flores, velas e, não raras as vezes, crucifixos. Os caixões, no que se refere ao tipo, variam bastante de acordo com a situação financeira da família. Percebo que, quanto mais dinheiro tem a família, mais sofisticados são o caixão e a cerimônia, de um modo geral. Durante todo o tempo, os presentes, sobretudo as mulheres, rezam o terço e entoam ladainhas, pedindo misericórdia a Deus pela alma do morto. As orações e cânticos repetidos em voz alta, de maneira constante e sofrida, lembram as carpideiras tão conhecidas nas cidades do interior, em especial, do sertão nordestino.

Ainda a respeito das cerimônias fúnebres em favor de um católico, com frequência, o velório é encerrado com uma missa de corpo presente realizada por um padre conhecido da família. Na maioria das vezes, ele exalta as características positivas da pessoa morta e relembra que Deus sempre chama Seus filhos de volta, ao tempo Dele, e que todos devem aceitar esse desígnio porque, de certo, voltarão a se encontrar após a ressurreição dos mortos. Após a missa, geralmente, ainda com o caixão aberto – o que difere também de cerimônias judaicas –, parentes e amigos se despedem do ente querido. Neste momento, a emoção aflora. Há muito choro. Em vários velórios, presenciei cenas mais fortes com parentes gritando, abraçados ao caixão, pedindo para que não levassem a pessoa morta dali. Essas cenas, muitas vezes, voltam a se repetir junto ao túmulo, no momento do sepultamento. Neste instante, em cerimônias distintas, ouvi frases como: "... queria ter morrido também!", "... por que Deus não me leva junto com você?", "... eu não merecia este castigo!" etc.

Houve um enterro, no Cemitério de Santo Amaro, na área em que as pessoas são sepultadas em gavetas, em que a filha do morto, aos prantos, derrubou por mais de duas vezes os tijolos usados pelos coveiros para fechar a gaveta. Ela precisou ser retirada do local para que o trabalho pudesse ser concluído e a cerimônia, encerrada. Percebo que, entre as cerimônias católicas, a demonstração de emoções é mais frequente e intensa que nas demais religiões.

Estas impressões foram ratificadas pelo depoimento de um dos funcionários do Cemitério Israelita do Curado que conversou comigo demoradamente e ao qual vou me referir como E.S. Ele diz que tem aprendido muito com o jeito de ser do judeu:

> Aqui, eu aprendi e aprendo todos os dias a aceitar a morte como ela de fato tem que ser porque a morte nada mais é que uma passagem. Então, os judeus celebram isso de uma forma, eu não digo que brilhante, mas de uma forma que aceita a passagem

> daquele ente querido. É como se eles já tivessem preparados para passar por essa perda que é a morte (E.S., 2016).

Há um outro aspecto que também chama a atenção de E.S. É a forma de expressar os sentimentos, que, para ele, muda muito quando compara os judeus aos seguidores de outras religiões:

> Eles enterram e a gente não vê desespero da parte dos familiares. Eles ficam tristes porque, de fato, é uma perda inenarrável. No sepultamento católico é diferente. Há poucos dias, eu enterrei um tio meu e vi um desespero muito grande. Da minha tia que perdeu o marido, dos filhos, dos amigos. Foi aquele chororô, aquele desespero e, aqui, não tem. Muito pouco. Uma lágrima que rola, perdida. Eu acho que eles já foram criados nesta doutrina, nesta religião que ensina desde criancinha a não se prender. Eu acho que não seja falta de sentimento. Ao contrário. Eles ficam tristes, só não têm aquele desespero que é comum em sepultamento de outras religiões. Existe um ritual de purificação ao qual nós funcionários não temos acesso. Ele é feito por algumas pessoas da *Chevra Kadisha*. O corpo quando vem aqui para o velório, o caixão já não abre e a família se despede do parente assim, do jeito que está, sem ver. Nos outros sepultamentos, tem que abrir, enfeita, aqui não. Aqui, é só o caixão no lugar dele, as pessoas fazem suas orações, alguém chora, mas desespero, de jeito nenhum (E.S., 2016).

2.4. Há muitas mortes – Depoimento 01

C.J.
Pesquisadora
Entrevista realizada em 2016

"Então, morte, para mim, não é só concreta, daquele corpo. Há muitas mortes que a gente vive."

Eu sou judia. Não pelo lado religioso, porque eu nunca fui religiosa. Eventualmente, eu frequento a sinagoga em alguma data mais especial, como o *Yom Kipur*, que é o Dia do Perdão, e, mesmo assim, não acompanho o sentido ritual mesmo, mas por uma coisa de cultura, por saber que é uma data importante. O que me une muito ao judaísmo é o lado cultural, o lado de me sentir pertencendo. Eu sei que onde eu estiver no mundo, vai me dar um prazer diferente visitar uma sinagoga, saber que tem um judeu, saber que tem uma comunidade judaica ali. Então, tem esse sentimento de pertencer, tem o lado cultural também. Eu estudei em colégio israelita, eu gosto de saber, apesar de não saber tanto, a história, as tradições, a cultura... Coisas dos tempos que passam e comunidades, de certa maneira, se unem e dão prosseguimento também. Do mesmo jeito que eu estudei no Colégio Israelita, eu quis que meus filhos estudassem nele. E para mim uma coisa fundamental foi participar de um movimento juvenil judaico que assim... me deu, eu diria que foi, uma faculdade paralela, um aprender a vida de um jeito paralelo. Coisas que um jovem, eu diria até que o jovem brasileiro, talvez, não tenha tanta chance. Eu sou brasileira, mas o jovem que não tem essa cultura judaica e esse vínculo ligado a uma escola ou a um movimento juvenil, talvez, não tenha tido a chance de experienciar isso que eu e meus filhos vivemos.

Meu pai e minha mãe nasceram no Brasil. Meu pai vem de uma família de poloneses. Meu avô e minha avó eram poloneses, meus avós paternos. Meu avô por parte de mãe já nasceu no Brasil, de uma família de origem russa, e minha avó nasceu na Romênia e veio para cá muito jovem. Então assim: pai e mãe judeus. Meu pai vem de uma família na qual o meu avô não era um homem religioso ortodoxo, mas praticava a religião: ia para a sinagoga, frequentava os ritos, escrevia bem as rezas. Já o meu avô por parte de mãe era um judeu ateu, comunista. Minha mãe nunca estudou em colégio israelita e acabou se casando com um judeu, talvez, por um acaso. Apesar de o meu avô ser comunista e ateu, em alguma época da vida dele, ele fez parte também da comunidade, do Centro Israelita. Teve uma época que a comunidade se dividiu entre os progressistas e os sionistas. Meu avô, como era comunista, ele era dos "progressistas". Ele não tinha essa história de vínculo com o Estado de Israel.

Apesar de não ser religiosa, no sentido dos rituais, eu tenho alguma espiritualidade em mim que eu acho até que eu precisava desenvolver mais. É como se eu tivesse uma conexão. Em relação à morte, tem a coisa do medo, da perda mesmo. Já vivi o luto. Tenho medo do futuro. Engraçado, eu tenho menos medo da minha morte, talvez, e mais medo da morte de pessoas muito queridas, como meus filhos. Quando eu penso, talvez, no medo de uma possível morte minha é menos com o que eu vou viver estando morta, porque eu até acredito em outra dimensão. Não sei qual, mas eu tenho um misticismo que me faz crer, inclusive, em algumas comunicações com esses entes meus que já morreram. Alguns sinais que, às vezes, eu atribuo a esses entes que já morreram. Eu acho que existe uma conexão, que a coisa não termina aqui. Se eu tenho medo da minha morte, é mais assim por saber que meus filhos vão sentir muito, as pessoas queridas vão sentir muito, do que o medo de morrer. Tenho mais medo de sofrer em si, por exemplo, se eu sofresse muito com uma doença que me impedisse de fazer alguma coisa, mas a morte não iria me impedir de fazer alguma coisa porque eu já estaria morta, entendeu? E não é uma coisa que eu pense com muita frequência, não.

Só penso na morte eventualmente. Penso mais sobre os entes que já morreram ou o medo que eu tenho de perder meus filhos, o que, para mim, seria a coisa pior do mundo. Eu tenho dois. Um está morando em Israel, foi até aluno de Renato Athias. Fez Ciências Sociais e está lá em Israel, fazendo mestrado, e G. Eu acho que é essa coisa de um afeto muito grande. Então, eu não penso como os espíritas, que são mais tranquilos com relação a isso. Minha apreensão, talvez, o medo de uma doença, uma perda, passa por aí. A única coisa que eu posso dizer é que, por exemplo, eu não acredito que morreu e acabou, é só corpo, só matéria. Eu acredito numa outra dimensão. A coisa mesmo da alma ou da comunicação. Não é à toa que, às vezes, eu apelo tanto para entes meus que já morreram, em determinadas épocas mais difíceis. Eu apelo mesmo e acredito nessa energia.

Em minha casa, não existe uma educação no sentido de debatermos ou discutirmos sobre a morte. Nunca existiu, nem quando eu não era mãe e morava com meus pais. A primeira vez que senti a morte mais perto foi quando eu perdi uma prima. Eu tinha 13 anos. E essa prima se suicidou aos 21 anos. Uma coisa muito chocante. Ela, muito jovem. Por uma depressão puerperal. Isso foi uma coisa muito forte na minha família porque toda a carga de sofrimento, de um bebê novinho, que foi para minha casa e eu, inclusive, ajudei a cuidar. Foi um sofrimento geral, existia uma dor, mas dores maiores eu senti depois quando eu perdi meu pai, por exemplo. Ou quando eu perdi uma avó. Eu amava todos os avós, mas essa especialmente.

Acho que o meu primeiro contato familiar com a morte foi essa prima. Eu lembro que assim: imaginar a dor, os meus avós paternos, a dor de minha tia que perdeu essa filha, o bebezinho que estava ali, órfão, isso foi uma coisa forte. Eu lembro quando eu perdi meu avô, que era esse avô comunista a quem eu era muito ligada – eu era muito ligada a meus avós maternos, muito ligada como filha mesmo, eu era a queridinha deles –, quando meu avô morreu, eu lembro que ele estava com problema no coração e me ligou um dia antes. "Minha neta querida!" Ele estava em São Paulo. Foi se tratar e depois faleceu. E foi o seguinte: eu não consegui chorar logo. Eu demorei muito. Depois de um tempão, eu fui fazer uma terapia, foi quando eu chorei a morte desse avô.

Neste mesmo ano, eu também perdi uma avó. Eu tinha uns 22 anos. Os dois morreram no mesmo ano. Uns três ou quatro anos depois, morreu outro avô, o paterno. E quando foi em 1995, eu soube que essa minha avó que eu adorava e que era como se fosse uma mãe para mim estava com um câncer. Eu chorei muito quando eu soube que ela estava com um câncer. E meu pai disse: "Não é hora de você chorar! É hora de você tentar ajudá-la". Lembro que eu fiquei um pouco com raiva dele por ele ter dito isso porque eu vivi o luto antes. Quando ela morreu, eu lembro que logo depois (que soube da doença) eu disse: "Dure o tempo que durar, só não quero que ela sofra". Aí, um ano depois, ela morreu. Chegou a sofrer um pouco, mas até o fim a bichinha foi assim, uma danada. Passeando e tentando viver a vida e negando. Acho que ela não queria nem saber que estava doente.

Papai foi uma coisa muito de repente. Logo um ano depois, meu pai tinha 61 anos, jogando boliche, teve um aneurisma de aorta. Ainda foi para uma cirurgia e morreu. Aí sim, o luto foi vivido instantaneamente. Porque com a minha avó eu ainda tive uma certa dificuldade de chorar, mas como eu tive um ano para me acostumar com o câncer dela, quando ela morreu, racionalmente eu tinha uma desculpa: ela não sofreu tanto! Já com meu pai, foi de um dia para o outro. E eu lembro que o que soltou o meu choro foi um psicanalista que hoje já é falecido, J. L., que era até da comunidade judaica. Ele me deu um abraço, e eu soltei o choro. E papai, e entra um pouco da religião judaica nisso, no último ano de papai, e ele nunca foi religioso, o pai dele era, mas ele nunca foi, papai inclusive sempre criou a gente muito livre. Talvez, pela carga que ele tenha pego do pai, ele não tinha essa coisa de exigir dos filhos. Tanto é que alguns irmãos casaram com pessoas não judias e, na época que namorava, papai nunca foi de proibir ou exigir, não. Cada uma fosse feliz do jeito que quiser, mas, no último ano dele, não sei... sinais! Aí, ele começou a frequentar essa sinagoga que tem em Boa Viagem, ortodoxa. Nunca foi ortodoxo, até o fim, mas fazia bem para ele e ele ia. Coincidentemente, também, pouco antes de morrer, ele estava lendo o livro tibetano dos mortos porque papai gostava de uma coisa meio assim oriental, apesar de toda a racionalidade dele, ele gostava. E, no dia em que passou mal, ele estava levando o rabino ortodoxo para jogar boliche porque ele dizia que o rabino não tinha muita vida social. E ele passou mal. Aí sim eu me senti agrupada porque, na morte de papai, acordar para mim era muito difícil, mas acordar sabendo que eu tinha um ritual a cumprir, aí não era religioso, mas era como se fosse um mantra para mim. Acordar e saber que eu tinha que ir para a sinagoga mesmo que eu soubesse que eu não estava rezando, mas eu tinha um compromisso.

Então, eu acho que tem aí essa coisa que tudo de leigo que eu tenho em relação ao ritual em si, mas era uma coisa que me agregava. Eu sabia que eu estava acordada e solta no mundo. Eu tinha que acordar e ir para a sinagoga. Tem essa coisa do sentir assim: tinha um ritual, eu tinha que cumprir esse ritual porque era meu pai e eu tinha um objetivo naqueles dias de luto. Esse é um ponto. A outra coisa que eu sei de uma maneira leiga: morreu minha ex-sogra, a mãe do meu ex-namorado morreu. Apesar de serem judeus, eles eram mais leigos do que eu. Eu dizia: "Olha, tem que cobrir os espelhos!". E depois eu vi que era para o morto que ainda estaria ali, vagando, não se olhar no espelho. Não sei se é essa explicação mesmo. Eu vou ao cemitério e, inclusive, o cemitério judaico aqui, o marido de B. ajudou a construir, mas meu pai lutou muito por esse cemitério. E quando papai morreu, a gente quis que ele fosse enterrado lá. Ele foi o primeiro a ser enterrado lá no Cemitério Israelita do Curado. Ele foi o primeiro e, no dia em que ele morreu, a gente ligou para B., marido de B., e disse que queríamos fazer o sepultamento lá. Então, eu tenho um ritual de ir ao cemitério de botar pedras e sempre boto no lugar do coração. Na lápide, no lugar que corresponde ao coração, eu boto a pedra lá.

Há uma semana, a gente teve o enterro do marido de uma prima minha, um rapaz jovem, de 58 anos mais ou menos, e fui, chorei, me emocionei muito e lembro que alguém comentou comigo: "Tive muito aqui com seu pai". A gente vinha muito no fim da tarde e olhava esse lugar que parece um campo. Então tem, tem uma conexão ali, e lembro do discurso no enterro do meu pai, que uma pessoa da comunidade comparou ele a uma árvore, não lembro se um jatobá. Bom, alguma coisa por aí.

Tem algum tempo, eu resolvi fazer trabalho fotográfico. O que é que eu fiz? Eu peguei as fotos que eram da minha família dos anos 20, de uma família morta e de uma família que não teve lápide. A família de minha avó paterna, minha avó já estava aqui no Brasil junto com a irmã, mas toda a família dela sucumbiu lá no Holocausto. Eram fotos muito bonitas, dos anos 20, então eu, meu irmão e uma prima resolvemos que nós íamos para a Polônia visitar os lugares onde eles moraram e que ainda estavam de pé e eu resolvi levar na minha bagagem essas fotos. Levei e fiz vários rituais lá. Levei para a sinagoga, para a casa onde eles moraram, para que tivessem contato, botei nos trens, assim, porque os trens são muito emblemáticos da Segunda Guerra, e isso que eu te falei: eu realizei um enterro no cemitério de Cracóvia, nevado. Eu coloquei as fotos dos meus bisavós, eu botei na pedra e à minha maneira porque eu não sei rezar o *Cadish*, eu imaginei alguma coisa como se aquele fosse um enterro simbólico.

Não sei se você viu há pouco o Filho de Saul, um filme maravilhoso. Imperdível para o que você está fazendo, é imperdível! Se ainda estiver passando, não deixe de ver, porque fala exatamente disso. A história é mais ou menos assim. As pessoas, até os próprios judeus, desumanizados no campo de concentração, mas tinham aqueles que trabalhavam para os nazistas. O trabalho pesado, muitas vezes, os judeus eram colocados. Só que um desses judeus que já tá, não pensa mais em nada, é uma coisa mecânica, de pegar osso e jogar em vala, ele vê um corpo e acha que é o filho dele. E toda a luta dele no meio daquele caos é para achar um rabino, veja! Eu me arrepio! Que pudesse fazer um *Cadish*, que pudesse enterrar o filho no meio daquele contexto. Tem a ver com essa questão do *Cadish* e do enterrar daquela maneira, com a mortalha, sem ser uma roupa especial. Então, basicamente é isso.

As perdas, as mortes transformam a gente. Eu me lembro de uma pessoa que ficou muito chocada porque, duas semanas depois que minha prima morreu, eu estava numa festa. Mas meu pai, que eu acho que foi o luto mais forte que eu tive junto com minha avó, mas meu pai foi o mais forte sem dúvida, eu não deixei de comemorar o aniversário dos meus filhos uma semana depois. Porque tem isso também na religião judaica: uma morte não impede uma alegria. Nisso, eu pensei que meu pai estaria muito feliz de comemorar o aniversário dos netos. Eu não estava feliz. Eu pedi foi que aquelas pessoas, os pais das crianças não comparecessem, mas eu não deixei de – E não deixei de, depois disso, ir para o carnaval. Mas mudou, claro que mudou! Meu pai era muito agregador, e, até hoje, eu sinto muito a falta desse vínculo, desse núcleo familiar. Meus irmãos, cada um mora num lugar.

Quando adolescente, eu não sentia isso. Foi uma coisa mais direta e, querendo ou não, quando a gente vive o luto na pele mesmo, a gente, de certa maneira, se torna mais temeroso, mas assim: eu não faço disso um centro na minha vida. Até ouvir falar muito de doença me incomoda. Temos que buscar coisas que prezem mais pela vida. Agora, em se tratando de doenças dos meus filhos, eu até estou mais calma, mas eu fico meio louquinha. Quando eles eram crianças, porque sempre tem esse lado da perda, simbolicamente, de uma perda potencial que pode ser com a morte efetiva ou outras mortes que a gente vive no dia a dia. Então, morte, para mim, não é só concreta, daquele corpo. Há muitas mortes que a gente vive. Eu acho que eu penso mais nessas outras mortes do que na morte concreta do corpo, que não volta mais.

2.5. É preciso atualizar tudo – Depoimento 02

B.B.
Integrante da *Chevra Kadisha*
Entrevista realizada em 2015

"Eu acho que é preciso atualizar tudo. O que está nos escritos bíblicos também. O que foi escrito em outro tempo, em outra sociedade."

Eu vejo a morte com muita tranquilidade. Tranquilo mesmo. Acho que chegou a hora da pessoa e eu respeito perfeitamente. Acho normal, normalíssimo. Eu não sinto absolutamente nada com a morte. Não me assusta, a mim não!

Na minha família, era um assunto sobre o qual nunca se falava, nunca se falava. Por quê? Não sei. Meu pai mesmo nunca falou comigo sobre isso. Ele sempre falava o seguinte: "vou fazer 87 anos e não sei se consigo chegar lá!". Mas só assim, brincando, como se fosse uma brincadeira. Quando morria alguém, aí sim, o assunto vinha e se falava com naturalidade, mas, na casa de meus pais, não se parava para falar sobre isso.

Meus pais vieram da Romênia. Meu avô chegou aqui com 56 anos de idade e deixou a família toda lá. Eles estavam fugindo dos *polgrons* que existiam lá, naquele tempo. Então, ele veio para o Recife e começou a trabalhar. Começou a trabalhar, trabalhou, trabalhou e, depois de um certo tempo, ele trouxe a mulher e os cinco filhos. Trouxe para cá. Meu pai chegou aqui com 26 anos e solteiro. A irmã de meu pai também tinha se casado com um senhor que tinha vindo de lá. Aí, esse senhor disse para meu pai: "Olhe, eu tenho uma irmã muito bonita lá. Você não quer casar com ela, não?". Ele disse: "Não sei. Só vendo". Aí ele disse: "Vamos mandar buscar ela". Aí, ele mandou buscar ela, quando chegou aqui, meu pai gostou e casou. Foi assim. Não teve esse negócio de amor. O amor veio depois. Com o tempo. Ele casou e teve três filhos.

Ao longo destes meus 85 anos, eu vi mudar o jeito como a comunidade judaica lida com a morte. Mudou. Antigamente, há muito tempo atrás, logo no princípio, quando falecia uma pessoa da colônia, principalmente se era uma mulher, as outras mulheres choravam em volta dela muito, muito, muito, muito. Era como as carpideiras, lá na Grécia, se lembra? No filme *Zorba*, a gente vê muito isso. As carpideiras, elas ficavam naquele choro, naquela lamúria... é como se estivessem em desespero pela morte. Parece que contratavam gente para chorar. Eu me lembro muito bem. Eu era rapazinho naquele tempo, meninote. O choro era uma tradição que veio da Europa. Chorar pelos mortos. Agora, o porquê desta tradição, eu não sei explicar. Só sei lhe dizer que, no filme, se você tiver a oportunidade de ver, você verá essas carpideiras que eram contratadas para chorar o morto. Para a família não ter que ir para lá chorar, eles contratavam essas mulheres. E essas mulheres não ficavam com o dinheiro, não. Elas distribuíam para pobres, gente que não tinha condições nenhuma.

Uma vez, me explicaram que, antigamente, quando morria uma pessoa, se rasgavam as vestes de desespero pela morte. Hoje, quando morre uma pessoa, se dá um corte na camisa que os filhos estão usando para dizer que estão de luto. Esta cerimônia é feita da seguinte maneira: quando o corpo está no "velório", fechado já o caixão, então os filhos ficavam em volta do caixão e o rabino rezava um *Cadish*. Depois, o rabino rezava mais uma oração e, em seguida, os filhos iam, de um a um, e o rabino dava um corte perto do colarinho da camisa do homem, no vestido da mulher, um corte pequeno, com uma tesourinha. O certo, certo mesmo, não era usar uma tesourinha, era rasgar. Mas, muitas vezes, não tem força de rasgar um determinado tecido, e eu já vi rasgando também. Eu já assisti, rasgando.

Eu assisti muito enterro. Eu estava lá no cemitério, como presidente da sociedade *Chevra Kadisha*. Agora, eu estou passando a presidência para o J.P. Fui presidente durante 30 anos. Já vi muita gente. Naquele cemitério novo, o do Curado, ao lado do Cemitério Parque das Flores, eu vi todos serem enterrados. Os que estão lá, eu vi praticamente todos serem enterrados. Porque mesmo que eu não possa ficar junto do morto, porque eu não posso ficar junto do caixão porque, se o rabino estiver lá, não deixa! É que eu sou descendente de alto-sacerdote! Essa descendência vem de pai para filho. *Cohen*. Vem de pai para filho, e, se o rabino me vê lá, ele manda eu sair e quando eu digo que preciso ir ao cemitério porque eu ainda sou presidente, e sempre preciso ver alguma coisa, ele diz para eu ficar afastado dos túmulos.

O primeiro rabino do *Beit Chabat* que veio aqui, eu não era do cemitério. Mas foi quando morreu uma pessoa conhecida minha, não me lembro quem foi no momento. Eu fui para o cemitério e, enquanto estavam botando o corpo lá em cima, e eu não podia ficar lá em cima, eu fiquei no lado de fora do muro, embaixo de uma árvore, uma mangueira. O rabino saiu de lá de dentro, chegou junto de mim e disse: "Saia daqui e vá para a outra calçada, no lado de lá!". Aí eu disse: "Mas por quê?". O rabino respondeu: "Porque você está embaixo de uma árvore que nasceu no cemitério e você não pode ficar aqui no cemitério".

Outra coisa que mudou ao longo desses 30 anos à frente da *Chevra Kadisha*: você sabe que depois que falece, durante sete dias, há reza na casa da pessoa. Antigamente, e fora isso, o filho, ou pai, ia para a sinagoga religiosamente, todo dia, às cinco horas da manhã, e todo dia às cinco horas da tarde. Todos os dias, chovesse ou não chovesse, ele estava lá, fazendo a reza. Sempre o homem. A mulher não vai, normalmente. E, também, na casa do morto, se fazia a reza. E, hoje em dia, dificilmente, você consegue juntar as dez pessoas. Atualmente, se paga a uma pessoa para rezar durante o ano pela alma dele ou dela. Ela vai para a sinagoga todos os dias no lugar, vamos dizer, do parente ir. Paga-se uma pessoa para ficar, todos os dias, rezando pela mãe, pelo pai.

Não paguei ninguém quando morreram meus pais. Primeiro, morreu o meu pai e, quando completou um ano que meu pai tinha morrido, morreu minha mãe e eu fiquei dois anos seguidos fazendo isso. Todos os dias. Antes deles, morreram outras pessoas próximas, mas nenhuma teve um significado tão forte. Esses foram os principais. Depois do meu pai, veio o pai de minha esposa. Meu sogro me chamou para a casa dele, para eu ir mudar o bujão de gás. Eu morava na Barão de São Borja, no bairro da Boa Vista, e ele, na Ilha do Leite, outro bairro aqui do Recife. Eu disse: "Eu vou para uma reunião agora, mas antes, passo na casa do senhor, para trocar o bujão de gás". Aí fui lá, troquei o bujão de gás. Ele estava sentado na poltrona, aí eu perguntei a ele: "Tudo bem?". Ele respondeu: "Estou meio zonzo", ele me disse, "estou meio zonzo". Aí, B. sentou-se junto e eu me virei para falar com minha sogra, qualquer coisa assim, quando eu olhei de volta, ele estava como que morto. Aí, eu disse: "B., ele morreu!". Ela disse: "Não!". E eu falei: "Pode estar certa como ele morreu!". E ele tinha morrido. B. estava sentada junto. Ela fez respiração boca a boca e se lembrou que o pai falava, contava que quando o avô dela teve um ataque – ele dizia um ataque – então a avó dela mordeu aqui, no dedo mindinho, e eu mordi, mas não teve jeito, não. Foi o momento dele. Difícil, difícil.

Minha mãe morreu em 1985. Meu pai, um ano antes, em 1984. Lembro de minha reação nas duas ocasiões. Vou dizer uma coisa: morre uma pessoa, eu fico tranquilo, tranquilo, tranquilo. Por incrível que pareça, eu acho a coisa mais natural do mundo. Vem de dentro isso. Eu acho a coisa mais normal. Minha mãe morreu oito dias antes de eu casar uma filha. O casamento de G. Eu tenho duas filhas e um filho. Aí, quando eu cheguei à casa dela, que tinha diabetes, angina, a minha mãe, aí eu cheguei em casa e ela estava magra, sabe como é? E não tomava os remédios direito. Eu perguntei: "Mãe, quer saber de uma coisa? Nós vamos para o hospital. Eu vou botar a senhora no hospital, vamos cuidar da senhora, vamos dar os remédios na hora certa, e a senhora vai se refazer porque daqui a oito dias a gente tem o casamento de G." Minha mãe já tinha comprado um vestido. Ela disse assim: "Está certo!". Aí eu botei ela dentro do carro e fui para lá, fui para o hospital. Cheguei lá, pedi uma cadeira de rodas para ela e me deram a cadeira de rodas e quando eu estou empurrando ela, aí ela disse: "Me leva para o quarto!". Eu disse: "Certo". Fui, subi, era o primeiro andar. Entrei no quarto, botei ela no quarto e ela teve uma convulsão. Apagou-se, mas não estava morta, não. Aí levaram logo ela para a UTI e eu falei com o médico que cuidava dela, que era o R.P., médico, e ele disse: "Ela teve uma parada cardíaca e, do jeito que ela está, é melhor que ela morra do que ela ficar viva, porque ela vai ficar em cima de uma cama, sem poder fazer nada".

Minha esposa estava em casa, pendurando os quadros, para o casamento de G.. Ela havia mandado pintar a casa e vinha o pessoal todinho de Porto Alegre. Ela ficou ajeitando a casa e eu fui levar minha mãe para o hospital. Com pouco tempo, liguei para B.! "B., mamãe teve uma parada cardíaca, venha para cá!" Ela chamou nossos filhos, N. e A., que estavam no shopping, e tentou reunir todo mundo para ir para o hospital, mas, quando ela chegou, minha mãe já tinha morrido. Ela morreu logo. Não demorou muito tempo, não. Depois que teve a parada cardíaca, coisa de 15 minutos. Mas ela teve uma convulsão que eu tomei um susto danado, na cama. Ela se levantava da cama com o corpo inteiro e caía de novo. Como quem voasse. Feio mesmo o negócio. E pronto, aconteceu isso. E meu pai foi antes. Ele morreu por culpa de uma enfermeira. Meu pai teve um problema e, no dia em que estava com este problema, ele me chamou e eu falei que ia buscar um médico. Eu liguei para um médico amigo meu que tinha passado lá em casa para pegar calça e paletó porque ele iria viajar para a Europa e não tinha roupa para frio. Como o corpo dele e o meu eram mais ou menos iguais, ele perguntou se eu emprestava e eu disse que sim, ele passou lá em casa e eu aproveitei para pedir para que olhasse meu pai. Ele olhou e pediu que eu levasse ele para o hospital. Aí, eu levei ele e lá disseram que teria que operar. Eu liguei para outro médico amigo nosso. Ele abriu, fechou e disse que meu pai tinha uma isquemia no intestino. Foi quando ele falou que iam dar um jeito. Eu disse: "Tá certo!". Ele ficou na UTI. No dia seguinte, o médico chegou junto de mim e disse: "Ele está com febre, e eu acho que teve uma infecção, depois da operação. Eu vou abrir ele de novo". Aí, abriu meu pai de novo. Abriu e fechou e disse que, naquele momento, estava tudo bem e mandou meu pai para a UTI. Eu então chamei um cardiologista para acompanhar ele. A gente ficava sentado numa cadeira na porta da UTI, não saía de lá. Não fui para apartamento, nada. Ficava o dia todinho, revezando. Eu, B., meu irmão, minha cunhada, sempre tinha um ou dois lá. Aí, quando foi um determinado momento, eu cheguei junto do médico e perguntei como ele estava. O médico disse: "De hoje, ele não passa. Ele está com zero de pressão". Aí eu dizia: "Está certo", esperando que ele morresse. Quando batia cinco horas da tarde, chegava o cardiologista e dizia assim: "B., eu vou te contar uma coisa. Ele está com 14 por 8, a pressão dele". Havia melhorado. Ouvimos isso cinco ou seis dias seguidos. Nessa brincadeira, meu pai tinha dinheiro no bolso e queria dar à enfermeira para ela entregar a roupa dele e deixar ele ir embora. Ele estava bem mesmo. E ele já tinha fugido uma vez de hospital. Havia marcado uma consulta, e o médico colocou ele em um apartamento e disse que, no outro dia, vinha para operá-lo. No outro dia, quando o médico chegou, papai não estava mais, já estava em casa. Aquele tinha medo de morrer! Tinha muito medo de morrer! Quando chegava perto da data de aniversário dele, ele sempre ficava: "Será que eu chego lá?! Será que eu chego?. Era mesmo, e ele morreu com 87 anos. Mas, voltando à internação, no fim, depois de 21 dias, que eu era chamado todo dia, às cinco horas da tarde, para pagar lá o equivalente a R$ 2.000,00, pela UTI, todo dia, eles chamavam para pagar. Chegou um ponto que eu não tinha mais dinheiro, aí eu falei com um amigo, um que tinha um negócio de hospital residência, e disse: "Olha, eu não tenho dinheiro, eu zerei já porque depois de 21 dias pagando R$ 2.000,00 por dia, naquele tempo, não tinha mais dinheiro, mas eu tenho para receber dinheiro porque eu trabalhava muito. Vou receber e eu pago". Ele disse: "Não tem problema, não". E deu ordem para não me cobrarem mais. Foi quando eu passei mais dois ou três dias sem nada e disseram que iam mandar meu pai para o apartamento porque ele estava bom. Aí, mandaram ele para o apartamento. Quando chegou no apartamento, aí o médico virou para mim e disse: "B., eu preciso fazer uma comida para ele. Ele vai comer por intermédio de uma sonda. Agora, esta comida tem que ser feita com óleo de coco e com uma série de coisas que não existem aqui". Eu digo: "Não tem problema". Fui e telefonei para um amigo meu que eu tenho em São Paulo, um grande amigo que eu tenho, esse é fora de série e até hoje eu telefono todo dia para ele por volta do meio-dia, dia de domingo, até hoje. Vou para São Paulo, faço uma visita a ele. Aí, chegou e disse: "Para quando?". Eu falei: "Para hoje!". Pois ele foi, comprou, botou dentro do avião e mandou para mim. Como ele pagou? Como foi? Até hoje, eu não sei de nada. Só sei que chegou aqui. No outro dia de manhã, fizeram a comida dele. Aí, a enfermeira foi dar a comida dele. Só que a enfermeira não foi olhar onde estava a sonda. A sonda estava no pulmão. Aí, matou ele. Em 24 horas, ele morreu. Com pneumonia. Se fosse nos dias de hoje, eu tinha processado o hospital direto. Tinha puxado dele o que podia. Se fosse nos dias de hoje, mas naquele tempo. Eu não estava atordoado, não, mas estava... aconteceu, aconteceu e pronto. Mas foi um erro de uma enfermeira lá. Ele estava bonzinho, rapaz! Bonzinho. E ele reclamava por que é que eu tinha levado ele para o hospital. Ele não gostava de hospital. Paciência, aconteceu.

Meu sogro morreu em 1989, e minha sogra, dez anos depois. Ela estava na cama, e eu, junto da cama. Chegou um médico e começou a olhar e disse: "Ela faleceu". Eu estava ali junto, mas não muda nada dentro de mim. Eu nunca senti, não. Eu sinto como se fosse uma coisa tudo normal. Eu assisti somente. Um negócio que você assistiu.

Eu acho que é preciso atualizar tudo. O que está nos escritos bíblicos também. O que foi escrito em outro tempo, em outra sociedade. Eu acho que precisam ser atualizadas porque são coisas que a gente não entende como foi feito aquilo, como faziam aquilo. Muita coisa que eu acho que realmente não há razão de ser. Inclusive aquilo que se relaciona à morte. Acho esse negócio de ficar sentado sete dias, no chão, e não pode sentar numa poltrona, tem que ser no chão, acho que isso não tem cabimento nos dias de hoje. Tem gente que é religiosa e faz. Como tem gente que é religiosa e não come carne de porco de jeito nenhum.

As perdas que tive não me transformaram, não sinto mudança nenhuma. Só que eu não sou religioso, mas para meu pai, para minha mãe, eu cumpri religiosamente o que manda o figurino religioso. Acho que porque eles gostavam. Meu avô também gostava disso. Eu não assisti meu avô morrer. Eu estava em São Paulo quando ele morreu. Eu me dava muito bem com ele. Era o neto querido, eu acho. E, quando ele não podia mais sair para andar, eu ia para a casa dele no Vasco da Gama, bairro aqui do Recife, na zona norte. Eu andava aquilo ali tudinho, Vasco da Gama, Macaxeira, tudinho, eu ia cobrar o pessoal todinho, subindo ladeira, descendo ladeira, todo mundo ia para a praia e eu ia fazer a cobrança do meu avô. Só dia de domingo, só se cobrava dia de domingo. Porque dia de domingo encontrava o pessoal em casa. E era tudo moeda e, quando chegava em casa, ainda ia juntar as moedas e fazia pacote de moeda para trocar por nota equivalente a R$ 10,00 na padaria. Ganhava 10%. Mas meu avô adorava e dizia que não faltou nenhum tostão. Ele era muito sério. Ele recebia aquelas notas de 400 réis, você lembra? Não é do seu tempo, não! Moeda de 400 réis, cinco mil cruzeiros. A moeda de cinco, a moeda de um. Ao apontar os principais rituais e práticas ligados à morte ainda realizados pelos judeus do Recife, em especial, mas também por aqueles que se encontram em outras localidades de Pernambuco, e retomar os itinerários percorridos por outros integrantes desse povo que aqui começou a chegar ainda no século XVI, espero ter viabilizado o entendimento desse grupo sobre o qual continuo a falar nos próximos capítulos.

Uma vez conhecido de forma uma pouco mais detalhada o grupo observado, com base em sua história e práticas, busco, a partir deste capítulo, somar as contribuições ofertadas pela Antropologia a esse campo, sem com isso pôr à parte o diálogo com outras disciplinas. A seguir, a partir de uma abordagem histórica, mas também comparativa, debruço-me sobre narrativas que nos mostram como diversos grupos elaboram sua relação com a morte a partir das interações sociais e práticas situadas e exercidas no tempo.

Nesse exercício, compartilho a teoria de alguns autores que dedicaram parte de seus estudos ao tema. Alguns são considerados clássicos, já outros, não podem ser deixados de lado pelo inusitado ou pela riqueza do material produzido. Em síntese, importantíssimos. De todo modo, é preciso esclarecer que não pretendo debater ou fazer uma análise mais acurada de qualquer obra em específico ou apontar suas possíveis falhas ou lacunas não preenchidas. Quando citada, o objetivo é somar alguma colaboração dessa obra para o estudo do tema aqui abordado. O crivo de entrada contemplou tão somente a colaboração dada, por mínima que seja. Encerro o capítulo com as falas de dois interlocutores a respeito do modo como lidaram com a morte dos pais.

3.1. A morte no *Kula*

O ano de 2018 é extremamente significativo para a Antropologia, pelo menos, a meu ver. A data marca os cem anos de encerramento de uma das mais importantes jornadas para a disciplina. Foi em 1918 que Bronislaw Malinowski deixou as Ilhas Trobriand, a leste da Nova Guiné, depois de aproximadamente quatro anos de pesquisas junto aos ilhéus. Deste minucioso trabalho de campo, surgiu uma das obras mais representativas dentro da área: *Argonautas do Pacífico Ocidental*, publicada em 1922.

A despeito das críticas, que foram e têm sido muitas ao longo das décadas, e não vou comentá-las aqui porque não é a proposta, o resultado apresentado por Malinowski se tornou um modelo de etnografia até os dias atuais. Citado à exaustão, merecidamente, em manuais, ensaios e uma infinidade de produções acadêmicas, sempre está presente na lista de referências bibliográficas indicadas no processo de seleção para ingresso em inúmeros Programas de Pós-Graduação em Antropologia de universidades de todo o Brasil, a exemplo da própria UFPE.

Ressalto que Malinowski **não** foi o primeiro nem o único pesquisador a se colocar entre os grupos estudados. A prática pode ser identificada desde o começo do século XIX, como nos chama a atenção Silva:

> Vale lembrar o trabalho de Franz Boas entre os esquimós e os indígenas norte-americanos, dos integrantes da Expedição ao Estreito de Torres e até os de alguns autores evolucionistas como Morgan, que, embora conhecidos por seu excessivo apego ao trabalho de gabinete, compilando informações de segunda-mão, tiveram contatos com os grupos descritos (ver, entre outros, Stocking, 1983). Além disso, como lembrou Lévi-Strauss, o movimento de estranhar-se a si mesmo e familiarizar-se com o outro (princípios básicos da observação participante ou do trabalho de campo antropológico) fora anunciado desde, pelo menos, Rousseau, como inerente à produção do conhecimento sobre o homem realizado pelo próprio homem, isto é: nas ciências humanas observador e observado, ou "sujeitos" e "objetos" do conhecimento, são da mesma natureza (Lévi-Strauss, 1976) (SILVA, 2006, p. 23-24).

Ao consagrar a observação participante como principal método da Antropologia, Malinowski acabou por ser considerado um dos seus fundadores. Apesar de jovem, o antropólogo acumulava uma considerável bagagem teórica formada a partir da leitura e estudo de vários autores. Foi um deles quem escreveu o prefácio de *Argonautas do Pacífico Ocidental*. Em um breve e elogioso texto,

Sir James George Frazer afirmou que o pesquisador "estava bem munido – tanto em conhecimentos teóricos quanto em experiência prática – para a tarefa a que se propôs" (MALINOWSKI, 1976, p. 9) e ressaltou ainda que:

> O Dr. Malinowski viveu, durante muitos meses a fio, como um nativo entre os nativos, observando-os diariamente no trabalho e nas diversões, conversando com eles na própria língua nativa e obtendo todas as suas informações das fontes mais seguras: – observações pessoais e declarações feitas a ele diretamente pelos nativos em sua própria língua, sem a intervenção de intérpretes. Pôde ele, dessa maneira, compilar uma multiplicidade de dados de alto valor científico, referentes à vida social, religiosa e econômica dos nativos das Ilhas Trobriand (MALINOWSKI, 1976, p. 9).

Ao encerrar o prefácio, Frazer fez ainda uma espécie de profecia ao antecipar o impacto que a obra de Malinowski provocaria no futuro:

> Sem dúvida, iremos aprender muito sobre a relação entre magia e religião entre os nativos das Ilhas Trobriand no relato completo das pesquisas do Dr. Malinowski. Da observação paciente que devotou a uma única instituição e da riqueza de detalhes com que a ilustrou, podemos auferir a extensão e o valor da obra que está em preparação, a qual promete ser um dos trabalhos mais completos e científicos já produzidos sobre um povo selvagem (MALINOWSKI, 1976, p. 13).

Frazer acertou. Com *Argonautas do Pacífico Ocidental*, Malinowski consagrou um método não pelo ineditismo, mas pelo modo como dispôs dele, ao decidir viver com uma sociedade indígena, tomando parte de todos os eventos vivenciados pelo grupo, dos menores aos maiores, ou mais significativos, e aprendendo a entendê-los de uma maneira diferente: uma que teve como ponto de partida o olhar deles próprios. Ou, nas palavras de Sperber, Malinowski se propôs a "apreender o ponto de vista dos indígenas e compreender a *sua* visão do *seu* mundo" (SPERBER, 1992, p. 14).

Acho importante tecer essas considerações porque o conteúdo deste livro tem suas bases fundadas na observação participante, no trabalho de campo, no contato direto com o grupo observado e por identificar em *Argonautas do Pacífico Ocidental* elementos sobre a morte e a cultura funerária referentes aos nativos e que nos são apresentados por Malinowski. Ele descreve como são e como ocorrem as cerimônias mortuárias enquanto atividades associadas ao *Kula*, sistema de trocas dentro de um grupo fechado, formado por tribos espalhadas ao longo de um conjunto de ilhas da Nova Guiné e regido por rígidas convenções e normas. De acordo com Malinowski:

> Em cada ilha e em cada aldeia, um número mais ou menos restrito de homens participa do *Kula* – ou seja, recebem os artigos, conservam-nos consigo durante algum tempo e, por fim, passam-nos adiante. Cada um dos participantes do *Kula* recebe periodicamente (mas não regularmente) um ou vários *mwali* (braceletes de concha) ou um *soulava* (colar de discos feitos de conchas vermelhas) que deve entregar a um de seus parceiros, do qual recebe em troca o artigo oposto. Assim, ninguém jamais conserva nenhum artigo consigo por muito tempo. O fato de que uma transação seja consumada não significa o fim da relação estabelecida entre os parceiros: a regra é "uma vez no *Kula*, sempre no *Kula*". A parceria entre dois indivíduos do *Kula* é permanente, para toda a vida (MALINOWSKI, 1976, p. 75).

Às cerimônias ou festas mortuárias realizadas em muitas localidades de Nova Guiné é dado o nome de *So'i*. Para citar algumas, *Kitava, Tubetube, Bonabona, Su'a'u* e *Woodlark*. De modo geral, quando ocorre a morte de um indivíduo, a tribo à qual ele pertence suspende, por uma quantidade variável de tempo, as relações estabelecidas pelo *Kula*, provocando a concentração de objetos valiosos. Isso acontece porque o grupo que está de luto pode receber esses objetos sem qualquer problema, mas nada dá em troca, não há retribuição. Também são muito bem-vindos os cocos, as nozes de areca e porcos. Na prática, esse acúmulo é a base das festas mortuárias, que costumam ser grandiosas e atrair uma grande quantidade de convidados.

Por ocasião do *So'i*, tudo o que foi recebido pela tribo da qual faz parte o morto é distribuído. Primeiro, com os visitantes. A partilha leva à troca de objetos entre todos os moradores da ilha e seus respectivos parceiros no *Kula*. Por fim, há uma distribuição menor entre os integrantes da tribo, encerrando o período de luto. Um aspecto descrito por Malinowski me chamou a atenção:

> O fato de que todos esses tabus, festas e ritos nada têm a ver, na crença dos nativos, com o espírito do falecido. Este se foi imediatamente e se instalou definitivamente em outro mundo, totalmente esquecido do que acontece nas aldeias e principalmente do que é feito em memória de sua existência anterior (MALINOWSKI, 1976, p. 357).

3.2. Nem tão diferentes assim

Nem todos os grupos entendem e vivenciam do mesmo modo suas experiências. A morte é uma delas e, não raras vezes, motivo de perturbação e desordem social, ainda que para um pequeno círculo de pessoas que, a partir do momento de exclusão de um de seus integrantes, terão que buscar meios de restabelecer o equilíbrio que há pouco existia. Tarefa das mais difíceis, dela se ocupa a espécie humana desde o princípio. Ora, ela sabe que é a única que tem consciência de sua finitude! Demonstrações deste "saber-se mortal" vêm sendo identificadas nos mais diversos lugares ao longo dos tempos.

"O que ela significa?" "O que se faz com ela?" "O que ocorre depois?" Estas são algumas das perguntas que inquietam o homem desde as cavernas. Na Europa, pesquisadores encontraram elementos como comida e utensílios de pedra ao lado do morto, em locais de enterramento da época dos Neandertais, indicando um possível entendimento de que, àquela época, já se acreditava que a vida continuaria de alguma maneira e que a morte não representava um fim em si.

Na Idade Antiga, os egípcios acreditavam na vida após a morte e se preparavam para ela. Não por acaso, quando o assunto é Egito, o imaginário coletivo se volta quase que de imediato para as imagens ligadas a múmias, pirâmides e sarcófagos com tudo o que pudesse ser útil ao morto para a nova vida que se seguiria. De acordo com Santos, os egípcios da Antiguidade davam tanta importância à morte que criaram o *Livro dos Mortos*, que:

> À semelhança de seu equivalente tibetano, traçava as linhas mestras de um amplo sistema mortuário, embora quase sempre em forma de prescrições para as práticas fúnebres. Esse sistema ensinava – ou pelo menos destinava-se a ensinar – uma abordagem relativamente integrada que permitiria aos membros individuais pensar, sentir e agir em relação à morte de maneira considerada apropriada e eficiente (KASTEMBAUM; AISEBERG apud SANTOS, 2007, p. 15).

O *Livro dos Mortos* surgiu a partir de textos encontrados nas pirâmides e sarcófagos e é, talvez, o mais conhecido entre os escritos funerários do Egito, onde, durante muito tempo, a principal divindade funerária era Anúbis, um deus com cabeça de chacal e responsável por lavar o corpo do faraó antes da mumificação. Por volta do ano 2.400 a.C., Anúbis passou a fazer parte do mito de Osíris, que, de acordo com Plutarco, escritor grego, seria o pai de Anúbis. As almas dos mortos eram conduzidas por Anúbis até a chamada Sala das Duas Verdades, o Tribunal de Osíris, para que fossem julgadas por ele. O julgamento era feito com a ajuda de uma balança. Em um lado dela, era posto o coração do morto. No outro, uma pluma. O coração deveria ser mais leve que a pluma. A depender do resultado, apontado pelo deus da escrita, Thot, Osíris entregaria os injustos à Ammit, ou Ammut, monstro devorador de mortos[15]. Aqueles considerados justos teriam acesso a uma espécie de paraíso e retornariam à vida em um momento posterior.

---

[15] O corpo do monstro devorador de mortos era composto de partes de três diferentes animais: crocodilo (cabeça), leão (parte do meio) e hipopótamo (parte traseira).

Figura 29 – O papiro do Tribunal de Osíris[16].
O deus era auxiliado por 42 divindades

Fonte: https://colibri13blog.wordpress.com/o-tribunal-de-osiris/.
Acesso em: 26 nov. 2023.

Esse "julgamento" pode ser considerado um marco na forma como o ser humano se relaciona com a morte ao longo dos tempos. Antes vista como uma das etapas naturais do ciclo da vida, a morte passa a ser temida, como afirma Santos:

> Esse será o primeiro tipo de medo que se desenvolverá com relação à morte, ou seja, o medo da pós-vida e que está associado psicologicamente com o medo do castigo e rejeição quando relacionado com a própria morte ou o medo da retaliação e/ou perda de relacionamento quando associado com a morte dos outros (SANTOS, 2007, p. 16).

A crença na vida pós-morte pode ser identificada em diversas mitologias. Em todo o mundo, diferentes grupos criaram seus próprios mitos com o objetivo de tentar explicar, entender e assimilar a morte com todos os seus desdobramentos. Na prática, representações que moldavam o coletivo e eram por ele moldadas. Importante ressaltar que o mito, aqui considerado, não carrega os sentidos

---

[16] O papiro ilustra o julgamento de um escriba de Tebas chamado Hunefer, que é absolvido.

usualmente aplicados a ele: imaginação, lenda, ilusão, ficção, fábula ou invenção completamente deslocada da realidade. O caráter é outro. Os mitos em questão são histórias que as sociedades consideram verdadeiras, com frequência revestidas de sagrado, ou de sobrenatural, e que, via de regra, interferem de maneira decisiva no comportamento social do grupo. Compreendê-los significa entender um pouco mais da matéria humana em seus mais variados aspectos, como nos sugere Eliade:

> O mito é considerado uma história sagrada e, portanto, uma "história verdadeira", porque sempre se refere a realidades. O mito cosmogônico é "verdadeiro" porque a existência do Mundo aí está para prová-lo; o mito da origem da morte é igualmente "verdadeiro" porque é provado pela mortalidade do homem, e assim por diante (ELIADE, 2011, p. 12).

A seguir, apresento alguns exemplos de mitologias ligadas à morte porque guardam alguma semelhança com o grupo observado neste trabalho e/ou porque merecem destaque devido a suas características particulares. Começo pelos gregos. Eles acreditavam na existência de um submundo, o reino de Hades, destino de parte das almas dos mortos. Para chegar até lá, era preciso pegar um barco, e os gregos acreditavam que o condutor, Caronte, cobrava por este trabalho. Não por acaso, eles costumavam enterrar seus mortos com uma moeda de prata na boca ou nos olhos. Aqueles que não eram enterrados com dinheiro ou deixavam de ser sepultados estavam condenados a viver como um fantasma por toda a eternidade, uma vez que não seriam levados ao destino devido.

Este foi o artifício usado por Sísifo, rei de Corinto, para escapar do castigo imposto por Zeus: Tânatos, deus da morte, deveria levar o rei ao submundo. Ao tentar cumprir a ordem de Zeus, Tânatos foi enganado e preso por Sísifo. A partir de então, ninguém mais morreu, nem os adversários do deus da guerra, Ares, que acabou por libertar Tânatos. Foi quando o rei de Corinto teria pedido a Mérope, sua esposa, que não o sepultasse, fazendo com que ele não pudesse ser levado para o submundo. Como castigo, Hades mandou o rei de volta para punir a esposa. Novamente, Sísifo descumpriu a ordem e não voltou. Ao morrer, ele foi condenado a carregar uma pedra até o alto de uma montanha e de lá soltá-la para que tivesse que tornar a empurrar a pedra até o topo, sem parar, durante toda a eternidade. O mito acabou por representar um trabalho que é feito em vão, assim como também o é tentar escapar da morte.

Por guardar diferenças com a concepção de inferno encontrada no judaísmo e em outras religiões, como o islamismo, cito a mitologia nórdica. Neste caso, o inferno era um lugar escuro e frio controlado por Hel, a deusa da morte. Ela recebia a alma daqueles que morreram por causa da velhice ou doença. Ainda de acordo com Bullen (2010), a alma de quem morreu em combate, muitos deles guerreiros, era recebida por Freia, deusa da batalha, da fertilidade, do amor e da mágica. O autor ainda traça um rápido panorama dos mitos verificados na América, aos quais eu somo elementos registrados em sociedades de outros lugares. Considerando-se os astecas, eles tinham a crença de que a energia estava em constante movimento, promovendo transformações. Este entendimento era definido por um princípio que os astecas chamavam *T*eotl e que significava unicidade na dualidade: vida e morte juntas. Essa totalidade era representada por uma deusa que era a mãe da fertilidade, mas também a senhora dos mortos: Coatlicue. Acreditava-se que ela se alimentava dos corpos das pessoas mortas.

Para os maias, o destino de quem morreu era o céu, mas o acesso demandava enorme sofrimento, exceto para os suicidas, aqueles que foram sacrificados e as mulheres que morreram durante o parto. Estes seguiam direto para o lar dos deuses. Os demais, primeiro, precisavam entrar no submundo maia, o Xibalba. Nele, existiria um palácio onde moravam os 12 demônios responsáveis por controlar o reino subterrâneo, que continha seis casas mágicas. Em cada uma delas, havia armadilhas específicas das quais o morto teria que escapar se quisesse chegar ao céu: fogo, morcego, jaguar, lâmina, escuridão e frio.

À semelhança dos egípcios, os incas mumificavam os seus mortos. Os nobres costumavam deixar as múmias em casas construídas para este fim, quase todas destruídas pelos espanhóis durante o período de invasão. As crianças também eram mumificadas, mas de forma diferente. Levadas para o topo das montanhas, lá eram sacrificadas. Expostas ao frio extremo, congelavam rapidamente e tinham o corpo preservado. As crianças e os nobres estavam ligados à ideia do divino entre os incas e, por esta razão, tornavam-se *huacas*. A palavra *huaca* era usada para se referir às múmias incas, mas não só. Ela definia tudo o que era sagrado para eles: objetos, locais usados em cerimônias rituais, pontos geográficos e, claro, as casas onde eram sepultadas as múmias.

Herança dos africanos trazidos para o Brasil de forma violenta no período da colonização, o culto aos orixás está intimamente ligado à mitologia que orienta os seguidores de religiões de matriz africana, variando com as diferentes linhagens e casas espalhadas por todos os estados brasileiros, sobretudo Pernambuco, Bahia, Rio de Janeiro e São Paulo. Em tudo o que se refere à morte, ou Icu (*Iku*), como é chamada nas Casas de Santo, três divindades ocupam papel de destaque. Uma delas é Nanã, ou Iniê, como é chamada pelos africanos. Caberia a ela controlar e determinar quem passa pelo portal que liga os dois mundos: o dos vivos, o Aiê (*Ayé*) e o dos mortos, Orum (*Òrum*). As outras duas são Iansã (*Yánsàn*) e Obaluaê (*Obalúayé*). Ele é o Senhor da Terra, orixá das pestes, da varíola e das doenças contagiosas; Ela, a Mãe dos Nove Filhos. Atende também pelo nome de Oiá (*Oyá*), orixá das tempestades, dos raios e dos ventos. De acordo com alguns pesquisadores, não é só Iansã que é a dona dos eguns, que são os espíritos dos mortos, antepassados (*égùn* ou *egungun, egúngún*).

Muitas histórias explicam a relação entre o Senhor da Terra e a Senhora dos Eguns. Em uma delas, Oiá ganhou parte do reino dos mortos de Obaluaê porque o acompanhou durante uma grande festa. Uma forma de agradecimento. Oiá foi a única, entre todas as divindades presentes, que quis se aproximar de Obaluaê. Durante a dança, os giros e movimentos fizeram com que o vento levantasse as vestes de palha de Omulu, como também é conhecido Obaluaê. Sua beleza surpreendeu e encantou todos que estavam presentes. Como demonstração de sua alegria e gratidão, o Senhor da Terra fez de Oiá, a rainha dos espíritos mortos, a dona do cemitério, conhecida pelo título de Oiá Ibalé. Ela carrega nas mãos um espanta-mosca chamado iruquerê, com o qual conduz o espírito dos mortos para o Orum.

Uma segunda história explica a relação de Oiá com o mundo dos mortos. O tempo ninguém sabe dizer, mas quando ela nasceu foi adotada por Odulecê, um caçador de Queto. Anos depois, no dia em que o pai morreu, a filha adotiva decidiu homenageá-lo com uma grande celebração que deu origem ao Axexê, como é chamado o ritual fúnebre no candomblé. Esse ritual segue o que Oiá teria feito. Ela preparou os pratos favoritos de Odulecê, serviu-os com danças e cantos, também reuniu todos os instrumentos de caça que ele utilizava e chamou os amigos do pai. Ao fim do sétimo e último dia, todos se reuniram, foram até a mata com tudo o que foi preparado e depositaram ao lado de uma árvore sagrada. O Dono do Céu, Olorum, acompanhou toda a homenagem. Quando ela terminou, transformou Odulecê em um orixá e fez de Oiá a mãe dos espaços dos espíritos.

3.3. O morto ainda vive

Do ocidente ao oriente, em todo o mundo, é possível identificar mitos criados para fazer da morte algo com o qual se possa lidar. Tão numerosos quanto os grupos sociais que os originaram, esses mitos guardam uma certa semelhança entre si, ao contrário do que se possa supor em um primeiro momento. É o que se pode perceber a partir de uma observação mais detalhada das narrativas. Elas nos revelam modos de fazer, técnicas e linguagens distintos, mas utilizados com objetivos específicos para tratar da morte e, sobretudo, do morto, como Rodrigues nos chama a atenção:

> Apesar das diferenças particulares de concretização em culturas específicas, as práticas e teorias associadas à morte apresentam certa unidade e invariância no que diz respeito às funções que desempenham: conhecer causas da morte, restabelecer a ordem na sociedade, acusar no caso de haver um culpado, expressar interesse e afeição dos sobreviventes pelo defunto e, principalmente, contribuir para a sua viagem em direção ao outro mundo. No fundo, universalmente, ou quase, os ritos fúnebres são solidários com os sistemas míticos e com eles supõem uma crença comum: a morte não é jamais o aniquilamento total do homem, ela é uma passagem para outra vida. Por toda a parte, de algum modo o morto ainda vive, tanto que se acredita ser possível a comunicação com ele e receber dele as suas mensagens. Assim, invariavelmente os sistemas míticos e rituais tratam de dar vida aos mortos. A morte de fato só advém quando os mortos morrem e isso só acontece se os vivos deixarem de praticar suas obrigações com

> relação aos mesmos. Nesse sentido, então, muito mais do que da morte, as mitologias e os rituais fúnebres tratam dos mortos (RODRIGUES, 2007, p. 132).

Esses rituais não significavam apenas uma demonstração de afeto e respeito para com os mortos que não deviam ser abandonados em qualquer lugar, um traço da consciência que une toda a espécie no reconhecimento da importância do indivíduo face ao grupo, mas também a crença de que eles poderiam voltar e perturbar os vivos. Esta era uma das razões para realizar os rituais fúnebres. Assegurar o sossego para aqueles que continuam por aqui. Um dos reflexos dessa preocupação é o local escolhido para guardar os mortos, que, por via das dúvidas, deveria ficar bem distante, geograficamente falando. Obrigatoriamente, *extra urbem*, fora da cidade.

No começo, cada indivíduo tinha sua sepultura. A maioria, inclusive, com inscrições, como uma tentativa de preservar a identidade e memória de quem morreu. O costume começou a desaparecer por volta do século V, até que se tornaram anônimas por completo. Na primeira metade da Idade Média, os defuntos passaram a ser confiados à Igreja Católica, que os enterravam em sepulturas coletivas dentro de seus terrenos, que, não raras as vezes, abarcavam o cemitério em sua área externa.

Com o surgimento do culto aos santos e mártires, difundiu-se a ideia de que eles, na vida e na morte, vão proteger seus devotos, que, cada vez mais, queriam estar próximos a eles, em especial, depois de deixarem este mundo. Teve início então o processo que iria trazer os mortos para dentro da cidade. Com o aumento do número de pessoas que desejavam estar *ad sanctos*, perto do santo, cresceu também a quantidade de templos em homenagem a esses mártires e diminuiu a distância até os vivos. Os mortos voltaram para a cidade.

> Chegou um momento em que desapareceu a distinção entre os bairros periféricos – onde se enterrava *ad sanctos*, porque se estava *extra urbem* – e a cidade, sempre proibida às sepulturas. [...] A separação entre a abadia cemiterial e a igreja catedral foi então apagada. Os mortos, já misturados com os habitantes dos bairros populares da periferia, que se haviam desenvolvido em torno das abadias, penetravam também no coração

> histórico das cidades. A partir de então, não houve mais diferença entre a igreja e o cemitério (ARIÈS, 2012, p. 43).

Os cemitérios acabaram por se tornar terra de ninguém, onde as mais variadas e inapropriadas atividades eram realizadas a despeito das proibições impostas pelas leis e pela igreja. Dentro dos espaços consagrados ao enterro dos mortos, podiam ser vistos abrigos improvisados por mendigos, animais pastando, venda de mercadorias, encontros amorosos, acúmulo de lixo e ainda pessoas que usavam o local para atender às necessidades fisiológicas, sem contar as festas e aqueles que se reuniam para jogar. Todo esse cenário ajuda a demonstrar como estavam ligados o sagrado e o profano, os vivos e os mortos, relações que só começariam a mudar a partir do fim do século XVII.

3.4. Pronto para morrer

Tanta proximidade com a morte despertou a atenção de Ariès, historiador francês e um dos maiores estudiosos do tema, que cunhou a expressão *morte domada*. Ela caracteriza a morte conhecida e esperada por todos, incluindo as crianças. Fazia parte do cotidiano dos grupos. Sem medos ou maiores dramas. Um evento encarado com naturalidade, especialmente, durante toda a Idade Média e meados do século XVIII, e para o qual praticamente todas as pessoas estavam preparadas.

> A antiga atitude segundo a qual a morte é ao mesmo tempo familiar e próxima, por um lado, e atenuada e indiferente, por outro, opõe-se acentuadamente à nossa, segundo a qual a morte amedronta a ponto de não mais ousarmos dizer seu nome. Por isso chamarei aqui esta morte familiar de *morte domada*. Não quero dizer com isso que anteriormente a morte tenha sido selvagem, e que tenha deixado de sê-lo. Pelo contrário, quero dizer que hoje ela se tornou selvagem (ARIÈS, 2012, p. 40).

De acordo com o autor, todos sabiam o momento em que iriam morrer a partir de sinais naturais ou de uma convicção "íntima" de que o instante derradeiro se aproximava. O entendimento advinha dos incontáveis exemplos deixados por clássicos da literatura que replicavam a cultura de diferentes épocas. Roland, Tristão, Isolda, Lancelot, Dom Quixote e os camponeses de Tostói são personagens que corroboram essa ideia. Todos souberam identificar a aproximação da morte. Ao vê-la se aproximar, procuravam deitar, aquietavam-se, cercavam-se das pessoas próximas e faziam uma espécie de breve avaliação da vida para, depois, pedir perdão e perdoar, recomendar a correção de possíveis falhas, interceder junto a Deus por pessoas queridas e, após a última oração, esperar a morte.

Com isso, não quero afirmar que a morte e os mortos não provocassem qualquer tipo de receio ou medo. De forma alguma. O que se verificava era um temor maior decorrente da possibilidade de não saber reconhecer sua chegada, de morrer sozinho ou, pior, morrer e não receber os ritos fúnebres que poderiam garantir a vida após a morte. Ao contrário do que verificamos hoje, antes de morrer, o moribundo ainda dava conta das tratativas pertinentes ao seu funeral. Organizava o que era preciso e reunia parentes, amigos e vizinhos, tornando o evento público. Nas palavras de Ariès:

> O quarto do moribundo transformava-se, então, em lugar público, onde se entrava livremente. Os médicos do fim do século XVIII, que descobriram as primeiras regras de higiene, queixavam-se do excesso de pessoas no quarto dos agonizantes. Ainda no começo do século XIX, os passantes que encontravam na rua o pequeno cortejo do padre levando o viático[17] acompanhavam-no, entrando, em seguida, no quarto do doente (ARIÈS, 2012, p. 39).

Não raras as vezes, o moribundo deixava todos os seus desejos especificados em testamento[18], que tinha um caráter bem diferente

[17] Entre os católicos, viático é o nome dado ao sacramento da comunhão ministrado às pessoas doentes que não podem sair de casa ou àqueles que estão prestes a morrer. Nessas condições, a comunhão eucarística também é revestida de um caráter de provisão para essa viagem espiritual.

[18] Antes do uso do testamento escrito a partir do século XII, tarefa que costuma caber a um notário ou um padre, era comum o moribundo dizer para os presentes em seu leito de morte o que deveria ser feito de acordo com os desejos dele, que, via de regra, eram atendidos.

daqueles que são feitos hoje. Antes, mais do que detalhar e repartir os bens acumulados em vida, o documento dava todo o roteiro de como seu autor esperava que fossem as suas cerimônias fúnebres. Quanto mais rico tivesse sido o morto, maiores as exigências e demonstrações de prestígio e poder durante as cerimônias, como descreve Reis:

> Em Paris, em 1625, 345 irmandades cuidavam com desvelo dos funerais e das missas pelas almas dos associados. Os ricos, sobretudo, inspirados na morte dos soberanos, faziam dos seus funerais e missas fúnebres um espetáculo de "profusão barroca", para usar uma expressão de Vovelle, e especificavam tudo cuidadosamente em testamento. O funeral barroco se caracterizava pela pompa: o luxo dos caixões, dos panos funerários, a quantidade de velas queimadas, o número de participantes no cortejo – de padres, pobres, confrarias, músicos, autoridades, convidados –, a solenidade e o número de missas de corpo presente, a decoração da igreja, o prestígio do local escolhido para sepultura (REIS, 1991, p. 74).

Longe da Europa, os primeiros séculos de história do Brasil também guardam um sem-fim de exemplos de como era importante se preparar para a morte aqui nos trópicos. Entre tantos descritos em detalhes por Reis, cito alguns:

> Em 1675, no apogeu do barroco colonial, a Bahia foi palco de um funeral espetacular. O morto era o governador Afonso Furtado de Mendonça. O autor de seu longo panegírico fúnebre, gênero literário muito comum na Colônia, comentou que tão logo sentiu a proximidade da morte, Mendonça procurou "assegurar a vida eterna com uma boa partida". Ao longo de seus dias de agonia, o governador deu ordens, fez consultas e reuniões com as muitas pessoas que cercavam todo o tempo seu leito de morte. Ele cuidou de coisas de Estado, indicando uma junta sucessora, de coisas privadas, garantindo o pagamento de seus empregados, e de coisas da alma, confessando, ordenando missas, distribuindo esmolas, orando. Em meio a muita atividade, o moribundo presidiu o seu fim (REIS, 1991, p. 91).

> É esclarecedor que muitos testadores listassem lado a lado tanto dívidas a humanos quanto a santos. Em 1802, por exemplo, o capitão Antônio Marinho de Andrade, senhor de engenho em Santo Amaro, depois de nomear todos os seus credores de carne e osso, acrescentou: "Devo mais ao Senhor do Bonfim da Bahia por promessa 50$000 [...] a Nosso Senhor Sacramento do Convento de Santa Teresa por crédito 20$000" (REIS, 1991, p. 96).

Embora os exemplos anteriores estejam distantes do período em questão, recorri a eles como uma forma de demonstrar que, em terras brasileiras, também havia o costume de se preparar para morrer, uma prática que ainda mudaria bastante com o passar dos tempos.

3.5. Uma difícil relação

A partir da segunda metade da Idade Média, do século XI em diante começou a se verificar uma mudança extremamente discreta e sutil no comportamento do homem no que se refere à morte. Até então, a relação entre o indivíduo e ela era tranquila e sem maiores inquietações, sendo deixadas de lado as expectativas, dúvidas ou tentativas de se escapar ao que era certo. Essa "familiaridade com a morte era uma forma de aceitação da ordem da natureza, aceitação ao mesmo tempo ingênua na vida quotidiana e sábia nas especulações astrológicas" (ARIÈS, 2012, p. 49). Aos poucos, essa ideia de conjunto é substituída pela noção de indivíduo que passa a se refletir de diversas maneiras.

Para começar, o senso comum de que todos que pertencessem à Igreja ressuscitariam ao fim dos tempos, sob as bênçãos de Jesus, que retornaria triunfante como representado no Apocalipse, deu lugar a outra representação de juízo final. Nesta nova concepção, como o próprio nome sugere (juízo), haveria julgamento e, evidentemente, punição. O Livro da Vida, antes carregado por Cristo nas representações, passa a ser visto pendurado no pescoço dos enfermos. A data para avaliação das boas e más ações realizadas ao longo da vida por cada um também foi antecipada de algum momento na eternidade para o instante da morte, conforme a iconografia da época.

Figura 30 – Século XII, a morte é motivo de inquietação e julgamento.

Fonte: https://i0.wp.com/tendimag.com/wp-content/uploads/2016/10/temptation-o-f-lack-of-faith-engraving-by-master-e-s-circa-1450.png?resize=479%2C625&ssl=1. Acesso em: 28 nov. 2023.

Outra mudança: as imagens da morte e do morrer passaram a ser associadas ao aniquilamento, ao que é podre, à decomposição, à carniça. Não havia como esquecer o futuro inequívoco de cada um, em particular, o dos mais velhos. O *momento mori*, lembrança da morte, estava sempre presente. Os alertas sobre sua chegada e tristes desdobramentos eram constantes, diversos e não se apresentavam apenas através das pregações dos religiosos e suas ordens, mas também por textos, poesias e imagens que se difundiram com o trabalho de artistas plásticos, a maioria pintores e escultores, a partir do século XIII. A produção artística ao longo da Idade Média, em diferentes lugares, reflete as inquietações do homem daquele tempo. E, de acordo com Huizinga, eram muitas e conflituosas.

> É realmente o pensamento religioso que se envolve tanto assim na rejeição ao lado terreno da morte? Ou será a reação de uma sensualidade intensa demais que somente assim pode despertar de seu atordoamento da sede de viver? Ou será o pavor da vida, muito impregnado na época, e a disposição de frustração e desânimo de quem lutou e venceu, preferindo agora se render completamente ao que é transcendente, mas que mesmo assim ainda está tão perto de tudo que é paixão terrena? Todos aqueles elementos de sensibilidade estão inseparavelmente unidos nessa manifestação da ideia de morte (HUIZINGA, 2010, p. 226).

No que se refere à imagem da morte especificamente, poucas foram tão trabalhadas quanto ela e de várias formas, dependendo do repertório e do interesse de cada artista. A que se tornou mais popular foi o esqueleto com a foice na mão, a pé, montado em algum animal ou em carruagens. Há ainda o esqueleto envolto em panos, a megera com patas de morcego e outra reproduzida com grande frequência: o cavaleiro do Apocalipse.

Figura 31 – A morte como cavaleiro do Apocalipse

Fonte: https://www.meisterdrucke.pt/impressoes-artisticas-sofisticadas/John-Hamilton-Mortimer/15841/Morte-em-um-cavalo-p%C3%A1lido.html. Acesso em: 04 nov. 2023.

Figura 32 – A morte representada como esqueleto
com foice na mão em obra de Guyot Marchant

Fonte: https://www.histogames.com/images/chronique/articles/0004/image-2.jpg.
Acesso em: 28 nov. 2023.

Entretanto, nenhuma imagem do período medieval conseguiu reproduzir a morte de forma tão contundente quanto uma palavra que surgiu, acredita-se, no século XIV: *macabre* ou *macabré*. Ela teria sido utilizada em 1376 pelo poeta Jean Le Févre ao dizer "*Je fis de Macabré la dance*", "eu fiz a dança de Macabré".

> Trata-se de um nome próprio, seja qual for a tão discutida etimologia da palavra. Foi só bem mais tarde que se extraiu de "La danse macabre" o adjetivo que para nós adquiriu uma nuance de significado tão nítido e próprio, a ponto de com ele podermos marcar toda a visão da morte no fim do período medieval. A concepção *macabre* de morte na nossa época ainda pode ser encontrada sobretudo em cemitérios de aldeias, onde se ouve o seu eco em versos e imagens (HUIZINGA, 2010, p. 231).

Figura 33 – Bispo e nobre são levados em detalhe de *La Danse Macabre*, de Guyot Marchant. Paris, 1485

Fonte: https://commons.wikimedia.org/wiki/File:Danzas_de_la_muerte.gif. Acesso em: 26 nov. 2023.

As concepções de mundo do homem medieval e os modos de situar-se nele vão mudar drasticamente a partir do século XV. Ao longo desse período, esse homem vai redesenhar o espaço da Igreja, afastando-a de uma posição central imposta pelo catolicismo ocidental, que há muito ocupava, para privilegiar o seu próprio espaço em todos os aspectos. É o Renascimento. Esta nova realidade bem poderia ser personificada por Leonardo da Vinci, que transitou pelas artes plásticas, matemática, mecânica, anatomia, alquimia, tudo com o novo viés da vaidade, mas um traço da valorização do indivíduo sobre o coletivo.

Essa transformação implicará em um rebatimento na cultura funerária e nas formas de lidar com a morte, que deixará de ser um fenômeno natural, ou, para muitos, a vontade de Deus, para se tornar um evento controlado pela ciência, que termina por relativizar a ideia de destino e da própria morte. O caminho até ela se tornaria mais longo com o avanço da medicina, suas reformas sanitárias e o surgimento de inúmeros hospitais que passaram a existir do século XVIII em diante. Com a Revolução Industrial e os novos recursos tecnológicos, o senso comum caminhou no sentido de deixar os moribundos internados em nome de uma melhor assistência.

Longe de casa e de suas famílias, por coação e uma certa medida de comodismo, amparada numa espécie de lei do menor esforço em tempos mais individualistas, os moribundos foram entregues aos médicos e demais profissionais de saúde. Os novos detentores do saber e da "magia" passaram a definir quando se morria, porque o local, este já estava decidido: o hospital. Não se morria mais em casa, cercado de parentes, amigos, vizinhos e pessoas queridas. A morte então passou a encontrar o indivíduo sozinho, assustado, sem autonomia sobre seu corpo, impossibilitado de delegar sobre seus momentos finais e o que precisava ser feito antes do transpasse. Sem consolo ou ajuda para bem morrer, como em séculos passados.

Essa mudança da sociedade e do indivíduo, que com ela colabora enquanto agente participante do processo até quando sua autonomia permite, é tão forte e significativa que ultrapassa os limites das unidades de saúde e da casa, ganhando materialidade nos espaços cemiteriais a partir da segunda metade do século XIX. Essa é uma das leituras que podemos fazer, tomando como base a pesquisa realizada por Motta sobre as correlações entre formas tumulares e dinâmicas sociais. Tudo, da concepção do cemitério ao que ele abriga, vai ratificar as transformações verificadas até os dias atuais.

> A preocupação com o espaço, antes de tudo, é torná-lo aparentemente contraditório com aquilo que se destina a oferecer: as inumações ou cremações. Ao invés das evidências alegóricas, encontradas nos antigos cemitérios oitocentistas, com seus cenários operáticos, de convulsiva dramaticidade, o que os novos espaços de enterramento se propõem é diluir todo e qualquer resquício da morte. Quanto menos evidente, mais distante é a ideia da morte, quanto mais nega-se a morte, menor é a força de sua alteridade e a grandeza de sua atração (MOTTA, 2009, p. 17).

Temos então uma relação, no mínimo, difícil com a morte. Por maiores que sejam os esforços em afastá-la e negá-la, a morte, ainda que temporariamente, desestrutura e mexe com a configuração social do grupo. Para todos os seus integrantes, ou pelo menos a maioria deles, a situação é de indefinição sob os mais diversos aspectos. No que tange ao emocional e afetivo, para os sobreviventes a ela, existe o abalo da perda do ente querido e a incerteza com relação ao futuro sem a presença dele. A morte não implica em um processo automático de desaparecimento do outro. Leva-se um tempo indeterminado para que o morto desocupe o lugar que antes era seu, se é que isso acontece algum dia.

> A lembrança daquele que morreu recentemente continua sendo uma forma de sua presença no mundo. Esta presença só arrefece aos poucos, lentamente, por meio de uma série de dilaceramentos de que são vítimas os sobreviventes. Assim, os mortos não estão fora de circulação das mensagens humanas: a morte não corta totalmente os canais de comunicação, embora imponha novos meios e novos códigos (RODRIGUES, 2007, p. 129-130).

Em determinadas religiões e/ou doutrinas, caso do espiritismo, esses sentimentos devem ser levados em conta ainda a partir da perspectiva dos mortos, que não se comportariam da mesma maneira no momento em que se desligam do mundo físico e material. Até porque vivemos também de lembranças.

Em algumas sociedades, são as lembranças que alimentam a existência de alguém que morreu. Você continuará vivo enquanto for lembrado nem que seja por uma única pessoa. É nisso que acredita a maioria dos mexicanos. Eles fazem do culto aos mortos uma grande festa conhecida em todo o mundo e que tem seu ápice no dia 02 de novembro de cada ano, considerado Dia de Finados para algumas religiões. O colorido e a luz desse imaginário foram apresentados em uma animação do diretor Jorge R. Gutierrez: *Festa no Céu*. Em pouco mais de uma hora de filme, a Morte conta como se relaciona com os humanos, que transitam por três mundos no esforço de não serem esquecidos e, dessa forma, continuarem vivos de algum modo.

Figura 34 - *La Muerte* (A Morte). Dario, artesão mexicano, 2017

Fonte: Marjones Pinheiro (2017).

Um outro aspecto a respeito da indefinição: logo após a morte, os mortos se encontram em uma condição muito particular. Eles deixaram de fazer parte deste mundo. Entretanto, ainda não pertencem ao mundo dos mortos. Ocupam um lugar, em tese, temporário e do qual provavelmente sairiam, mais cedo ou mais tarde, mediante a realização de uma série de procedimentos e práticas por parte dos vivos e que, muitas vezes, também dependiam do tempo.

Para alguns povos da Indonésia, antes de chegar a sua morada final, a alma teria que esperar até a decomposição total do corpo ao qual estava ligada e que foi colocado em uma sepultura provisória. Só após a conclusão desse processo, com os ossos secos, podiam ser feitas as exéquias finais, tendo a alma condições de se reunir com seus ancestrais. Nesse intervalo, o morto continuava a ser uma presença temida para muitas tribos indonésias (HERTZ, 2016).

No Brasil, os Bororo, povo indígena da Região Centro-Oeste, também realizam uma dupla inumação. A primeira ocorre logo após o falecimento, no centro da aldeia. Neste local, é aberta uma vala onde o corpo é colocado e depois coberto por folhas e todo tipo de ramagem. Após a decomposição completa, os ossos são retirados e lavados no rio. Após essa limpeza, eles são pintados e decorados com plumas. Feito isso, os ossos são colocados em um cesto para as exéquias finais. A sepultura definitiva de um bororo será o fundo de um lago ou de um rio.

Entre estas duas etapas, as inumações provisórias e final, existe um longo hiato de tempo. A morte demanda dos Bororo um extenso conjunto de ritos com diferentes objetivos e que levam semanas até que sejam concluídos. A maioria é realizada nos dias imediatos ao falecimento. De acordo com Lévi-Strauss, quando um dos seus morre, os Bororo entendem que foram lesados pela natureza, que deve pagar pelo mal que causou a eles. Esse ajuste de contas é feito por meio da caçada fúnebre, uma caçada coletiva para "abater uma grande caça, de preferência uma onça, cuja pele, garras e presas constituirão o *mori* do defunto" (LÉVI-STRAUSS, 2012, p. 220).

Figura 35 – Cerimônia funerária dos Bororo

Fonte: René Silz no livro *Tristes Trópicos*, (2012).

Figura 36 – Dança fúnebre dos Bororo

Fonte: Livro *Tristes Trópicos* (2012).

Após a caçada, os Bororo vão entoar um canto fúnebre chamado *roiakuriluo* para incorporar o morto à sociedade das almas, o *aroé*. Ao canto, seguem-se danças e outros ritos que não serão detalhados aqui, mas que, de modo geral, chamaram a atenção de Lévi-Strauss pela maneira como eles concebem seu grupo:

> Ao moralista, a sociedade bororo ministra uma lição: que ele escute seus informantes indígenas; estes hão de lhe descrever, como o fizeram para mim, esse balé em que duas metades de aldeia obrigam-se a viver e a respirar uma por meio da outra, trocando as mulheres, os bens e os serviços em meio a uma fervorosa preocupação de reciprocidade, casando seus filhos entre si, enterrando mutuamente seus mortos, garantindo-se uma à outra que a vida é eterna, o mundo, caridoso, e a sociedade, justa (LÉVI-STRAUSS, 2012, p. 229).

3.6. Ritos de passagem

A esse conjunto de rituais e práticas, Van Gennep chamou de ritos de passagem. Antes de entrar nos detalhes específicos ligados à morte e ao morrer, ressalto que os ritos são atos que pontuam a vida do indivíduo dentro do grupo no qual está inserido, desde o nascimento até a morte. No intervalo entre esses dois extremos, existem inúmeros acontecimentos que vão demandar a realização do que Durkheim define como "atos de sociedade". É através deles que diferentes grupos, com culturas distintas, se percebem, se recriam e se legitimam. Por essa mesma razão, não haveria como os rituais serem iguais, muito embora possam ter objetivos idênticos.

> Daí a semelhança geral das cerimônias do nascimento, da infância, da puberdade social, noivado, casamento, gravidez, paternidade, iniciação das sociedades religiosas e funerais. Além do mais, nem o indivíduo nem a sociedade são independentes da natureza, do universo, o qual também está submetido a ritmos que afetam a vida humana. Também no universo há etapas e momentos de passagem, marchas para adiante e estágios de relativa parada, de suspensão. Por isso, devemos associar as cerimônias de passagens humanas às que se relacionam com passagens cósmicas, a saber, de um mês ao outro (cerimônias de lua cheia, por exemplo), de estação a outra (solstícios, equinócios), de um ano a outro (Dia de Ano-Novo etc.) (GENNEP, 2011, p. 24-25).

Como mencionado anteriormente, a morte enseja uma série de ritos de passagem com objetivos específicos: separação (ou preliminares), margem (ou liminares) e agregação (pós-liminares)[19]. Os primeiros chamam atenção pela simplicidade. Os segundos, pela complexidade e os últimos porque costumam ser considerados os mais importantes de acordo com o esquema proposto por Gennep. Há que se observar ainda que as classificações podem ser feitas a

[19] Importante destacar que essa classificação de objetivos não se aplica apenas a funerais, mas também a outros eventos como noivado, casamento, gravidez, iniciação e vários outros, de acordo com Gennep (2011).

partir de diferentes perspectivas adotadas: a do morto e a dos sobreviventes. Ou seja, qual deles está sendo excluído? Quem está nesse estágio de liminaridade? Quem está sendo agregado e para qual grupo ele retorna?

Para adensar e ilustrar as classificações apresentadas, e como elas se processam, tomarei como exemplo o grupo que se constitui objeto de meus estudos já há alguns anos: os judeus. Eles possuem um largo e, por vezes, complexo repertório de práticas referentes à morte e ao morrer. Como exemplo de rito de separação, identifico o costume judaico de derramar todas as águas da casa quando alguém acaba de morrer. É o anúncio que a família faz ao grupo que, a partir daquele instante, está em uma condição diferente da dos demais, está apartada. Colocar o corpo do morto no chão e cobri-lo, assim como purificá-lo durante a *Tahará*, a lavagem de purificação, para depois fazer o sepultamento, são também rituais de separação.

O período de luto fechado que os judeus chamam de *Shivá* reúne uma série de ritos liminares ou de margem que têm sua forma de ser realizado e rigor no cumprimento pautados pela menor ou maior proximidade com o morto. Podemos citar a *Keriá*, rasgo feito nas vestes dos enlutados como demonstração de dor; as orações diárias pela lembrança do ente querido e inúmeros interditos, como tomar assento em cadeiras ou poltronas altas e confortáveis, cuidar da beleza ou realizar qualquer prática ligada à vaidade, receber uma *aliyá* e casar antes dos três meses de morte do marido ou antes da passagem das três principais festas judaicas (*Pêssach*, *Shavuót* e *Sucót*), no caso dos viúvos.

A suspensão de toda essa condição transitória caracteriza os ritos de agregação. Até aqui, a preocupação, em grande parte, era com o morto e com tudo que pudesse promover seu conforto e bem-estar no outro plano – com rebatimentos, claro, entre os vivos. Agora, os cuidados voltam-se para os enlutados, que vão retornar a sua antiga condição, liberados das obrigações e prontos para ser reintegrados à sociedade. Também podem ser interpretados como ritos pós-liminares entre os judeus, o serviço noturno da sexta-feira durante a *Shivá*, momento em que os enlutados recebem os cumprimentos com o hino *Lechá Dodi*, e a volta que eles dão no quarteirão de casa após o fim do período de luto.

3.7. Desaprendendo a morrer

Todos esses rituais tentam mediar as instáveis relações entre vivos e mortos, sagrado e profano, certezas e suposições. Assim tem sido durante milênios sem que se alcance uma resposta definitiva e que dê conta de todas as inquietações que afligem o homem. Apesar das muitas experiências, ele desaprendeu a morrer e continua sem saber exatamente o que é a morte e o que fazer com ela. Buscou, talvez, o que seria o caminho mais fácil: passou a negá-la de todas as formas. Conferiu-se à morte um ar de fracasso e derrota. Hoje, perde-se a batalha pela vida. Antes que o nocaute seja anunciado, espera-se que se envelheça com a mente jovem e o corpo de 20 anos, embora tenha-se 70 anos ou mais. Os resultados não poderiam ser mais desastrosos, sobretudo no Ocidente, como pondera Martins:

> Por que ocorrem essas coisas? Porque nós não sabemos lidar com a morte. Nós avançamos e nos tornamos num certo sentido acentuadamente modernos em vários setores da vida, mas permanecemos, no geral, atrasados em relação a esse tabu. Abolimos parcialmente os rituais, mutilamos a linguagem simbólica da nossa relação com o que vem depois da vida, dizemos que nada há depois daqui, mas não temos certeza de nada disso (MARTINS, 2005, p. 74-75).

É dessa forma que o Brasil chega ao século XXI, rejeitando os rituais e procurando descobrir o que fazer com aquilo que não entende, no caso, a morte. Uma postura que espelha a profunda transformação social, econômica e cultural pela qual o país vem passando desde meados do século passado, notadamente, depois dos anos 1950. Data desse período o início de um processo de inversão: a população brasileira deixaria de ser majoritariamente rural para se tornar urbana. Dados do Instituto Brasileiro de Geografia e Estatística, IBGE mostram que 36,16% dos habitantes viviam na área urbana em 1950. Esse número saltou para 55,92% em 1970, chegando a 81,23% em 2000 (KOURY, 2003, p. 67).

De novo, a urbanização como um fator decisivo nos arranjos e rearranjos sociais, interferindo em tudo, inclusive na ocupação das pessoas. O campo, cada vez mais, menos gente mobiliza com seus processos mecanizados a reboque de uma revolução tecnológica que ainda não acabou e que, pelo visto, demonstra ter um fôlego surpreendente de renovação quase que diária. O resultado é um número maior de pessoas ociosas na área rural que, maioria das vezes, também decidem tentar melhores oportunidades nos centros urbanos, mais inchados a cada dia.

Koury nos chama a atenção para os efeitos provocados por essas transformações sociais e econômicas sobre a forma como os brasileiros vivem e se relacionam. O que se percebe é o enfraquecimento dessas relações. Elas vão se esgarçando com a frieza e o individualismo propostos pelos modelos de civilidade importados da Europa e dos Estados Unidos. Neles, não cabem mais as emoções e suas demonstrações públicas, muito menos a solidariedade, que, a esta altura, ficou para trás, classificada como uma coisa interiorana, atrasada e fora de moda, motivo de vergonha e embaraço.

Essas redes de solidariedade até então presentes no campo e, com menos força, também nos centros urbanos vão desaparecendo. Junto com elas, desaparecem também partes significativas de um repertório que é coletivo e do qual fazem parte fazeres e rituais que têm por finalidade a manutenção dos grupos sociais. Percebe-se uma espécie de desorganização, os integrantes desses grupos demonstram uma certa desorientação. Caminhar em conjunto ou de forma individual? Prescindir ou não dos rituais? Quebrar ou manter as tradições? Sem respostas definitivas e, ao mesmo tempo, ciente da única certeza que é a morte, alguns grupos seguem buscando alcançar a compreensão do todo e viabilizar sua existência por meios diversos: rituais, práticas, mitos e teorias, diferentes em si e, não raro, existentes dentro de uma mesma sociedade. Daí a importância de conhecer as particularidades de diferentes grupos. Uma forma de, por meio da alteridade, compreender melhor a si mesmo. Neste trabalho, os judeus. E o judaísmo.

3.8. A morte de meus pais – Depoimento 03

B.S.
Pesquisadora
Entrevista realizada em 2015

"Cada vez que eu ia a um enterro, meu pensamento era um só: como eu vou suportar a morte de meus pais?"

Sou de nacionalidade brasileira e pertenço à religião e à cultura judaica. Principalmente, à cultura judaica porque eu não sou tão religiosa. Eu sou mais virada para a cultura judaica. Eu sou judia, autêntica. Meus pais eram judeus vindos da Romênia, da cidadezinha de Falesti. Meu pai chegou aqui, ao Brasil, em 1927. Desembarcou em São Paulo, passou por Salvador e depois veio para o Recife. E a minha mãe chegou em 1932, diretamente para o Recife.

Lembro que, em nossa casa, o assunto morte era abordado. Ele era abordado por conta de algumas situações. Por exemplo: chegou carta avisando da morte de minha avó, mãe da minha mãe. Então, a gente falava. Morte de pessoas próximas, a gente falava, mas o assunto morte não era conversado, não era debatido, o que se achava, nada! Isso aí era como se fosse, eu não digo um tabu, mas era um assunto que não se tocava muito.

Cada vez que eu ia a um enterro, meu pensamento era um só: como eu vou suportar a morte de meus pais? Eu achava que não suportaria. Nunca pensei na minha nem de outras pessoas, não. Mas eu pensava assim: como eu vou suportar? E o dia chegou. Da morte deles. E eu encarei com muita serenidade, mas muita, de pessoas chegarem junto a mim e dizerem: "Chora!". E eu não podia chorar. Eu não sentia vontade de chorar porque meu pai sempre dizia que gostaria de não sofrer para morrer. Não sofrer! Não ir para um hospital. E ele faleceu em casa, sem sentir dor. Simplesmente desligou da tomada e acabou. Então, Deus foi tão generoso com ele! Foi na casa dele, sentado no sofá da casa dele e apagou. Eu não me sentia com o direito de chorar. Eu senti a perda, mas ele foi atendido em tudo que ele pediu. Eu estava me sentindo tranquila, muito tranquila. E, antes, houve um episódio também. Eu fui com ele ao médico, e o médico perguntou a ele: "Sr. M., como é que o senhor descreveria sua vida?". Meu pai disse: "Olha, meu caro, o que eu estou vivendo agora eu considero lucro porque eu vim da Europa com uma mão na frente e outra atrás, noivo e fiquei de buscar minha noiva. Só pude fazer isso cinco anos depois. Ela veio. A gente constituiu família. Eu vi meus filhos crescerem, casarem. Eu vi meus netos. Então, eu sou uma pessoa que eu tive tudo, tudo na vida. Então, eu já considero esses anos que eu estou vivendo como lucro". Aí eu digo: se esse homem pensa assim e para a morte ele queria aquele jeito de morrer e foi assim que ele morreu, eu não tenho o direito de chorar. Eu não conseguia chorar, não. Eu estava tranquila, eu estava bem, achando que ele foi, todo mundo vai, e ele foi da forma que queria ir.

Isso foi no dia 07 de julho de 1989. Ele morreu com 87 anos. Foi antes de minha mãe, dez anos antes. Eu nunca pensei que minha mãe ia superar viver sem ele porque era um amor muito lindo o deles dois. E eu achava que, quando ele fosse, ela iria logo. Ela sobreviveu dez anos. Minha mãe morreu em 1999. Meu pai se chamava J.M. Com a morte dele, foi a primeira (vez) que eu tive que tomar as providências. Eu fui avisar ao I.E. Saí da casa deles e I. morava perto, fui lá avisar, voltei. A gente colocou o corpo no outro quarto. Aí, foi quando eu tive participação, mas eu esqueci um detalhe. Em 1984, meu sogro, que era uma pessoa que nunca ficava doente, nunca fez cirurgia, nada, mas chegou um momento em que ele precisou fazer uma cirurgia e a cirurgia complicou. Então, esse foi o primeiro contato mais forte que eu tive com a morte. Foi o pai de meu marido.

Quando foi o momento da mãe, no ano seguinte, ela morreu no hospital e era antes do casamento de uma de nossas filhas, quinze dias antes do casamento, e eu pedindo ao médico que não tirasse os aparelhos porque era diferente. O médico dizia: "Ela está tendo vida vegetativa". Mas eu disse: "Mas se ela estiver vivendo de forma vegetativa e estiver aqui no dia do casamento, ela está aqui e, se tirar os aparelhos, aí ela vai se acabar". Acontece que o médico nem tirou. Com os aparelhos mesmo, ela faleceu. Então, foi o segundo contato. O do meu pai, na realidade, foi o terceiro. Não foi o primeiro, não. Então, eu e B. tomamos as providências, mas, no caso do meu pai, foi a primeira vez que aconteceu na minha família o problema.

Nenhum desses episódios tirou minha serenidade. A mesma serenidade. Aquela coisa que você sabe assim: você nasce, você cresce, vive sua vida. E eu sou um pouco fatalista, acredito muito no destino, acho que a pessoa vem com sua missão para cumprir e o dia da ida, da partida. Eu considero isso uma coisa tranquila. É assim que eu me sinto ao enfrentar a morte. Sinto tristeza? Sinto. Sinto a perda? Sinto, mas perfeitamente administráveis. Perfeitamente administráveis. Em 1999, com a morte de minha mãe, foi a mesma coisa. Eu só acho que, depois que meu pai faleceu, eu ia muito ao cemitério. Acender velas, levar umas flores e, mentalmente, eu conversava com ele porque eu tinha uma empatia muito grande com ele. Conversava mentalmente e aquilo me aliviava. Era como se ele estivesse ali, junto a mim, eu falando. E com a minha mãe, a mesma coisa. Mas o tempo foi passando e, de vez em quando, eu penso nisso. Eu digo: faz tanto tempo, e a gente não foi ao cemitério acender uma vela. E não é porque eu esqueci não. Eu lembro todos os dias! Todos os dias, eu me lembro deles, mas já faz tempo que a gente não vai ao cemitério acender velas, levar umas flores. Eu acho que eu mudei um pouco a minha ligação porque eu sentia uma ligação muito forte. Quando eu ia lá e me sentava junto ao túmulo. A gente fez inclusive, embora ele tenha morrido dez anos antes, quando a minha mãe faleceu, a gente fez um túmulo só e colocou as duas lápides. Os dois juntos, no mesmo terreno.

O que eu noto é isso: eu mudei. Eu não posso dizer que não mudei. Eu mudei a forma de cultuar a morte. Eu acho que, enquanto eu ia com frequência ao cemitério, eu estava ligada àquele último momento e ali eu ia conversar. Como minha mãe dizia também que ela conversava com meu pai toda noite porque os judeus, não sei se você sabe, acendem um objeto que tem uma tomada e na frente está escrito *Ner Tamid*, que quer dizer "luz perpétua". Quando você liga na tomada, fica como se fosse uma velinha acesa. Então, durante o primeiro ano, após a morte, se deixa aquilo ali para a alma do falecido ver que está sendo lembrado. E ela disse que sentava junto à luzinha e falava com ele. Depois, ela também deixou de falar. Eu acho que isso é uma consequência natural da passagem, do distanciamento do fato em si. Agora mesmo, eu fui lavar meus dentes e minha mãe era acostumada aos tubos de pasta de dente feitos de chumbo porque, antigamente, eles eram de chumbo. Hoje, eles são plásticos. Às vezes, você aperta e tem uns espaços vazios. É um "*Cadish*". Ela sempre falava desses tubos. É uma besteira, mas você lembra. Todo tempo, eu estou lembrada deles.

A morte para mim é um dos passos da vida, um dos passos da vida. A gente, quando nasce, a gente tem um caminho a cumprir, um desenvolvimento e, no fim, culmina a morte. Eu boto em linha reta. Não acho que o nascimento é mais importante, que a vida é o mais importante, eu acho que é uma sequência de fatos que constituem a vida. Eu acho que tem muita gente que pensa diferente, que curte a dor, o luto, que não procura reagir ao que aconteceu, não procura se colocar diante dos fatos sem a pessoa que faleceu, eu acho que tem muita gente que curte a morte, curte a morte.

Uma coisa que eu cultuo é a tradição. Eu faço isso e procuro ao máximo passar a tradição. Você veja! Agora, vem a Páscoa, que o dia certo é agora na sexta-feira. É o *Sêder*, mas quinta-feira é feriado. Então, meu neto já falou: "Você não vai fazer o *Sêder* na sexta porque vou sair com os amigos". A neta também já tem programa. Quando eu vou fazer o Sêder, eu faço porque eu gosto, meu marido faz porque gosta, mas eu faço principalmente para transmitir para as gerações subsequentes. Neste caso, se eles não estiverem aqui, eu não tenho vontade de fazer o *Sêder*. Eu quero fazer, mas com eles presentes e preservando a tradição até quando der. Aí, o que foi que eu fiz? Antecipei para o dia 20. Não é *Pessach* ainda, não é Páscoa, mas eu acho que "O de lá de cima" vai me entender. Eu quero fazer o *Sêder* e eu quero transmitir para os meus netos. Se eu fizer na sexta, eu não vou tê-los aqui. Então, será na quarta-feira anterior. No judaísmo, Deus considera a boa intenção, a intenção honesta, verdadeira. Ele chama *kavaná* e Ele considera como se tivesse realizado mesmo que a pessoa não tenha conseguido realizar a coisa. Se teve a intenção e por algum motivo não deu, Deus considera como realizada, e isso me conforta e eu vou fazer o *Sêder* na quarta-feira, dia 20, antes de começar a Páscoa. E por que falei disso tudo? Porque, em todos os episódios de morte, a gente fez questão de seguir tudo. Os homens envoltos em seu *talit*, como manda a tradição. Tudo que esteve ao nosso alcance fazer, a gente fez dentro da tradição.

Há pouco, eu falei que levava flores ao cemitério, e muita gente pode achar que há algo de errado, que os judeus não têm costume de levar flores para o cemitério. Por que os judeus não têm o costume de levar flores? Porque os judeus procuram muito, o quanto possível, estabelecer a igualdade social. E, vamos dizer, se morrer um pobre, desconhecido, quem vai levar flores para ele? Aí, se morre um rico, um abastado, tem não sei quantas coroas de flores. E isso estabelece um desnível social. Por isso também o morto é vestido com aquela mortalha, e não vestido com uma roupa dele, de paletó, de gravata. Não. Vão todos iguais, envoltos na mortalha porque estabelece a igualdade social entre ricos e pobres. Não é que seja proibido levar flores, não. Não é proibido, pode-se levar flores. Mas o que a gente evita é estabelecer esse desnível. Por exemplo, faleceu um senhor, J.F., e ele era convertido ao judaísmo. A irmã dele foi para o enterro e veio para mim e disse assim: "Eu queria trazer flores para o túmulo do meu irmão, mas vocês proíbem, não é?". Eu disse: "não!". A gente não proíbe, e eu expliquei a ela isso e disse: "Você pode trazer as flores", e ela levou as flores. E, em muitos sepultamentos, têm muitas coroas de flores, principalmente, quando a pessoa que morre tem um relacionamento fora da comunidade, muito grande, que as pessoas (os não judeus) não sabem e mandam as coroas. Então, não é proibido. É evitado para não estabelecer essa diferença.

O judaísmo encara a morte não como um fim. O corpo fica na Terra e a alma sobe para o Criador. A ascensão não é direta. Ela (a alma) vai subindo e tem como se fossem estágios. Quando você comemora o primeiro *yortsait*, que é aniversário de falecimento, considera-se que a alma se elevou mais um degrau no sentido do Criador. E assim, a cada *yortsait*, a alma vai se elevando. Portanto, o judaísmo não encara essa cerimônia do *Cadish*, que se vai rezar, se faz o *yortsait*, o filho ou o irmão reza o *Cadish*, não consideram uma ocasião triste. Ao contrário. Acham que é uma ocasião de júbilo porque, naquele momento, a alma está se elevando.

Eu não sei dizer se há um tempo para chegar ao Criador ou se chega. Mas, anualmente, se faz aniversário de morte. Anualmente, se faz. Não tem um limite para a gente parar, não. Acontece o *yortsait*, a gente vai, diz o *Cadish*, quem quiser faz uma visita ao cemitério, além do que, logo que morre, o filho ou um parente diz durante 12 meses seguidos, de manhã e à tarde, a oração. Não é todo mundo que vai. Existe uma associação em São Paulo, chama-se também *Chevra Kadisha*, que quer dizer Sociedade Santa, e eles mandam um boleto que a gente faz uma doação para essa entidade e fica uma pessoa dizendo o *Cadish* todos os dias. Há pessoas que vão lá na sinagoga para dizer o *Cadish* porque não sabem dizer, porque não podem dizer, por qualquer motivo. Então, eles mandam. É para a gente ficar com a consciência tranquila. Não é a mesma coisa. O que ele fez é uma coisa muito mais perto, mais próxima, mas quando não dá para fazer, aí a gente se desincumbe da missão e paga a uma pessoa para ficar rezando, mas não deixa de rezar.

Agora, minha opinião. A minha opinião, sem me basear nessa questão dos estágios da alma, eu não consigo acreditar que Deus criaria o homem e que obedeceria ao nascimento, vida e morte para acabar ali. Eu acho que existe lá um céu ou um inferno, não sei como, não sei descrever, mas eu acho que algo continua porque, muitas vezes, uma pessoa é má. A gente conhece: tem pessoas boas, tem pessoas más. E, às vezes, essas pessoas sofrem para morrer como se nem Deus quisesse que ele fosse para lá. Aí, pagou aqui na Terra o que fez. Mas por quê? Porque ele não foi para o Paraíso. Porque não dava! Há pessoas que sofrem, sofrem, sofrem e não morrem. A pessoa já diz assim: "Aí, eu quero morrer porque eu descansava", mas não vai. Eu acho que isso tem algum significado, na minha opinião. E eu acho que após o sepultamento não termina ali. Vai não sei para onde exatamente, mas acho que continua.

3.9. Sobrevivência – Depoimento 04

J.P.
Integrante da *Chevra Kadisha*
Entrevista realizada em 2016

"Para mim, a vida continua, eu tenho que sobreviver, eu tenho que continuar vivendo. É assim que eu encarei a morte e é como eu encaro a vida."

Eu costumo dizer que você começa a compreender algumas coisas quando no momento de sepultamento de pessoas amigas ou conhecidas. Dentro do ritual judaico, às vezes, quem está fazendo uma preleção ou dizendo algumas palavras, ele diz que o morto, falando naturalmente sobre a pessoa que faleceu, mas diz que a pessoa está encontrando, agora, um novo caminho. Vai passar para uma outra fase. Ele nunca diz que a pessoa, simplesmente, desapareceu. O que ele fez, o que ele deixou aqui, tudo fica registrado como todo um passado dele. Mas ele continua, continua, numa outra fase, quer dizer, nada que justifique um desaparecimento simplesmente da pessoa. Viveu, deixou a marca, registrou o tempo que passou por aqui, na Terra, e, agora, ele está numa outra fase, vivendo com Deus, enfim. Essa é a sensação que me passam. Até porque eu não sou muito estudioso a respeito disso. Minhas sensações são essas aqui.

Quando falo em outra fase, eu sempre imaginei que a pessoa com outras características, ela está, talvez, vivendo um outro momento, em algum outro espaço. Em algum outro espaço de tempo, espaço de lugar. Eu só não acredito, por exemplo, às vezes você comenta com alguém, e alguém diz "não, aquela pessoa voltou na forma de um passarinho ou de um cãozinho", eu não entro por esse lado. Eu acho que ela continua vivendo uma outra fase, com outras características, e, enfim, para mim ainda é muito desconhecido. Muito desconhecido.

Na casa de minha família, a morte nunca foi assunto proibido, não. Nunca foi evitado. Ele pode não ter sido comentado por outros momentos, mas não evitado. Eu, pessoalmente, nunca evitei falar de morte. Não acho que a morte é nada tão trágico. É sentido, é triste, a pessoa que se vai, as pessoas que ficam. Naturalmente, há uma interrupção de contato físico, mas eu nunca me esquivei de falar sobre a morte. Eu não temo a palavra "morte". Não. Encaro com bastante naturalidade. Tive na minha passagem pessoal (para, se emociona, quase chora), realmente, um momento muito doloroso para mim quando perdi minha esposa, perder a vida, mas encaro como tendo sido o que tinha de ser, aconteceu. Enfim, o tempo passou e para mim a vida continua, eu tenho que sobreviver, eu tenho que continuar vivendo. É assim que eu encarei a morte e é como eu encaro a vida. Ela está continuando para mim.

Foi assim antes, em minha primeira experiência com a morte mais forte. Embora eu tenha perdido meus avós paternos, meus avós maternos, mas a morte do meu pai (volta a se emocionar e para), também num momento que não estava sendo esperado, até porque nós tínhamos almoçado na véspera, passamos o dia inteiro da véspera juntos, com meu pai, minha mãe e, no outro dia de manhã, fui simplesmente avisado que ele tinha falecido. E eu fui buscá-lo, fui vê-lo, exatamente no lugar que ele mais amava, em Gravatá (cidade do agreste pernambucano), o lugar que ele mais amava. Foi lá que eu fui buscá-lo. Inclusive, no caminho, até uma história particular minha, que no caminho até a cidade, eu tive vontade de desfazer a compra que eu tinha feito, onde ele usufruiu na minha frente a locação daquele local, em Gravatá, que eu tinha comprado na semana anterior e que não pude estar no sábado, mas ele foi usado por minha mãe e ele usou primeiro o apartamento. No dia seguinte, na segunda-feira de manhã, eu fui buscá-lo, para acompanhá-lo no enterro. Foi doloroso para mim. A perda, como aconteceu. Essa me marcou profundamente.

Lembro que eu tinha 58 anos, e ele faleceu com 84 anos. Essa perda foi muito dolorosa! Muito próxima e como ocorreu, como aconteceu. Esta foi marcante para mim. Como eu disse, foi no caminho de Gravatá, indo para lá. A minha primeira reação foi desfazer aquela compra que eu tinha feito uma semana antes, onde ele foi uma semana antes com minha mãe usufruir e no caminho eu decidi que ia desfazer aquela compra. Mas do meio do caminho adiante eu achei que, pelo contrário, eu devia cultuar aquele lugar e sempre que, a partir daquele momento, a cada ida minha para aquele mesmo local, aquele mesmo apartamento, eu, ao entrar no apartamento, sempre fazia um brinde para ele na varanda, homenageando e dizendo que estava lá com ele.

Dez anos após a morte do meu pai, morreu minha esposa. Uma década depois, minha forma de lidar com a morte não mudou. Eu estive apenas com meu pai na véspera (da morte dele) e acompanhei minha mulher até os últimos momentos ao lado dela, mas não mudou a minha impressão sobre a morte, não. Eu achei que chegou o momento dela, parar o eventual sofrimento e que ela estaria bem. Não mudou minha impressão sobre a morte. Continuo acreditando que a morte é uma passagem e tudo o que a pessoa tinha que fazer, fez, e fez bem feito e mudou-se, está em outra fase.

A morte de minha esposa também não mudou minha opinião. É absolutamente a mesma, absolutamente a mesma. Eu tenho a minha memória e ela continua sendo rigorosamente preservada de todos os meus anos vividos. Minha memória é intocável e continuo tocando a vida para frente com os mesmos pensamentos, até porque eu sou um homem, por princípio, um excelente otimista. Eu sou otimista em todos os sentidos. Eu sei conseguir ver, eu consegui me educar para que num evento, num acidente, eu procure saber qual o lado bom daquele momento. Aconteceu alguma coisa? Certo! Mas qual é o lado bom daquilo ali? Eu sempre procuro descobrir o que é que tem de bom naquele momento e que pode, eventualmente, aparentar ter sido ruim. Eu sou extremamente otimista.

A morte não me assusta. Honestamente, não. Só vou lamentar por eventuais tempos perdidos. Mas não me assusta, não. Não me assusta, não. Não tenho temor. Tenho respeito, respeito; mas não tenho nenhum tipo de temor. Também não percebi mudanças entre os judeus com os quais convivi de maneira mais próxima. Não vi diferença. Eu acho que os rituais, os procedimentos não se alteraram. Pelo menos na minha maneira de ver as coisas, não é?! Continuam a mesma coisa, o procedimento, o tratamento, o respeito é o mesmo. Não vi nesse meio tempo, nenhuma alteração. Não percebi.

Voltando a meu pai, ele foi presidente da *Chevra Kadisha*, e eu lembro de ele atuando na presidência. Quando ele se foi, foi de uma maneira muito inesperada e alterou a presidência. Assumiu o vice-presidente, na época, o B., e ele me chamou para trabalhar dentro da *Chevra Kadisha*, sempre invocando o fato de que o meu pai tinha colocado ele como vice-presidente e que, por força dos acontecimentos, ele agora era presidente e por isso estava me fazendo de vice-presidente, hoje, como desconto do que o meu pai teria feito com ele (risos).

A comunidade judaica aqui de Pernambuco, quando se faz comparações com as comunidades de São Paulo ou as comunidades de Porto Alegre ou do Rio de Janeiro, ela é reduzida demais. É muito pequena! Por conta disso, até para as pessoas que trabalham, que participam dentro do assunto *Chevra Kadisha*, que é uma parte religiosa, uma parte dentro do cemitério, você não tem nem muitas pessoas, voluntários que queiram trabalhar. Mas a gente tem uma excelente equipe, uma equipe de abnegados, pessoas que cuidam do cemitério, e a gente tem planos agora para fazer, talvez, até uma gerência mais profissional para sair daquele amadorismo que sempre se usou aqui em Pernambuco, até por falta de pessoas dentro da comunidade. A gente quer dar um caráter um pouco mais profissional à coisa e fazer, tratar o local com o todo o respeito e dignidade que o local merece, que é um cemitério onde ficam os corpos. A diretoria hoje é pequena. Talvez, seis ou sete pessoas. Mas a gente está querendo, agora, criar um grupo porque você veja: dentro do ritual judaico, na hora do falecimento, existem, antes do sepultamento, um tratamento, uma lavagem do corpo da pessoa. Isso do corpo masculino e do corpo feminino. Nós estamos criando um grupo de rapazes e um grupo de moças que vão cuidar dos sepultamentos tanto do masculino quanto do feminino. A própria *Chevra Kadisha* de São Paulo se propõe a ministrar um curso aqui para nós para que se faça a coisa bem correta, dentro do ritual.

Eu não sei se rituais judaicos têm diferenças com rituais de outras religiões na hora do sepultamento ou no trato com a morte. Não vejo ou ache que tenha diferença, não. A única que existe é que faz parte realmente da religião o trato, o respeito, todo o ritual da morte, desde a hora do falecimento até a hora do sepultamento. Há um cuidado muito especial, um respeito que acredito haver em qualquer e toda religião, não há nenhuma diferença. A única coisa é que dentro do ritual judaico permanece todo esse cuidado, todo esse respeito e a manutenção da tradição. Não vejo nada de novo nem nenhum fato marcante. Realmente não tem.

4. JUDAÍSMO E MORTE

Na maior parte do tempo, os cemitérios costumam ser lugares tranquilos. Neles, o silêncio quase palpável só é quebrado pelos ventos fortes, sacudindo a copa das árvores, quase sempre presentes, ou com o choro incontido de alguns durante algumas despedidas. Por força de meus estudos, pesquisas e trabalho como jornalista, que também sou, passei a frequentar estes espaços com mais frequência do que eu gostaria, a princípio. Ocorreu que, com o tempo, a obrigação se tornou prazerosa. A forma como eu via os cemitérios foi se transformando a cada nova visita e, aos poucos, o meu olhar passou por um processo de sensibilização e refinamento a partir da observação das dinâmicas dos visitantes, da forma como expressavam seus sentimentos e dos encontros motivados pelo inesperado.

Descobri mais. As sutilezas ainda tinham muito a dizer e elas me fizeram perceber que o lugar dos mortos reproduz o mundo dos vivos em sua arquitetura. As vias principais, como grandes avenidas, todas bem cuidadas, onde são sepultadas pessoas mais conhecidas e estão os prédios administrativos dos serviços funerários. As vias secundárias, tais quais ruas mais simples, onde se sepultam pessoas comuns. E, à medida que nos distanciamos da área central, temos a periferia do cemitério. Espelho do mundo dos vivos, menos cuidada, à espera de serviços de melhoria e com túmulos de indigentes. De certo modo, compreendi o que quis dizer o rabino Alexandre Leone quando afirmou que "o modo como lidamos com a morte indica o modo como lidamos com a vida". Sob todos os aspectos, entendo eu.

Trago esta reflexão para dizer que, ao longo da história, todos os grupos tiveram que elaborar um meio de construir e mediar esta relação tão delicada e forte, envolvendo vida e morte. Com aqueles que se reconhecem ligados ao judaísmo, não foi diferente, e entender a morte inserida neste contexto é o objetivo deste capítulo.

Para começar, como tenho feito até aqui, conto com as ideias de alguns autores e pensadores com os quais dialogo. Além do já citado rabino Alexandre Leone, destaco o também rabino Isaac Luria e Inon Pecha. Entretanto, diferentemente das demais seções, esta não apresenta subdivisões, acreditando obter uma maior unidade na partilha de ideias. Apenas os depoimentos seguem em seções distintas.

No caso específico do judaísmo, considerando seu próprio calendário, estamos falando de um repertório criado há quase 5.800 anos e que vem se transformando desde então, dentro de um processo de adequação ao tempo e espaço ocupado pelos judeus em função das permanentes mudanças a que foram submetidos nesses milênios de história (mudanças essas que não cabem ser discutidas aqui). A base desse repertório está na *Torá*. Também chamada de Pentateuco, ela é uma das três partes que compõem a Bíblia Hebraica. As outras duas são Nevihim, que reúne o livro dos profetas, e Ketuvim, chamados de escritos. Ao todo, são 24 livros.

> Justaposição de vários relatos orais de épocas diferentes, elaborados num período de quase um milênio, a Bíblia se apresenta como um texto complexo, formado por várias camadas e influências diversas, versões variadas e repetitivas de mandamentos e eventos. [...] em boa medida, a história do judaísmo é a das relações complexas do texto original da Bíblia e suas interpretações (SORJ, 2010, p. 29-30).

Essas interpretações refletem o seu tempo, imbricado com seus atores, cenários e contextos variados. Lembremos que os judeus estão espalhados pelo mundo e sujeitos a suas particularidades. Daí a importância dada por eles à *Torá*, e, com isso, enfatizo que não pretendo diminuir a enorme importância de *Ketuvim* e *Nevihim*. Entretanto, é imprescindível destacar o papel da *Torá* na vida dos judeus. Ela é uma espécie de bússola que norteia a comunidade, indicando a origem de quase tudo, o quê, quando, quem, de que forma e por que fazer ou deixar de fazer algo. É assim com todos os ritos de passagem, incluindo aqueles ligados à morte e ao morrer.

Primeira das três partes que compõem a Bíblia Hebraica, a *Torá* é composta de cinco livros, que, em ordem de apresentação, são: Gênesis, Êxodo, Levítico, Números e Deuteronômio. Todas as reflexões a partir deste momento não podem prescindir da *Torá*. Para falar sobre morte, precisamos recorrer ao Gênesis (2:17), em que encontramos a primeira referência a ela. De acordo com o texto bíblico, Adão e Eva foram advertidos por Deus a respeito da proibição de se comer o fruto da árvore do conhecimento do bem e do mal. Caso o comessem, como castigo, eles morreriam. Assim tem sido até os dias de hoje.

Figura 37 – *O Pecado Original*, de Michelangelo

Fonte: https://communioscj.files.wordpress.com/2013/01/pecado-original-michelangelo-capela-sistina.jpg. Acesso em: 28 nov. 2023.

Para muitos, a morte é uma espécie de herança maldita deixada por Adão e Eva. Para outra parte, a etapa final de um ciclo único e natural que se iniciou com o nascimento de cada ser vivo, incluindo os seres humanos. Essa compreensão de finitude que alcança a todos, sem distinção, é reafirmada pelas narrativas bíblicas. Vida e morte ligadas de uma tal maneira que implica no modo de entender o vivo e o morto, refletindo toda a indissociabilidade desta ligação física-espiritual, respectivamente, *nefesh maia* e *nefesh met*. De novo, vivo e morto, quase como um só.

O entendimento da existência de um começo-meio-fim posto e imutável ganhou novos contornos no decorrer da história. Entre os judeus, surgiu a crença na ressurreição. Um retorno à vida após a morte, que, então, deixava de ser o capítulo final para todos aqueles que tivessem sido sepultados. Essa ideia foi difundida e gerou novas interpretações. A ressurreição, que surgiu universal, comum a todos, tal qual a morte, passou a ser vista por um grupo como uma premiação dada por ocasião do Juízo Final. Neste dia, só deveriam ressuscitar os chamados "justos da casa de Israel". Com o tempo, a ressurreição passou a ser compreendida também a partir de uma terceira perspectiva baseada no mérito de cada indivíduo. Todos os que seguiram os mandamentos sagrados seriam ressuscitados para a glória eterna. Aqueles que não honraram os mandamentos também experimentariam a ressurreição, mas, ao contrário dos demais, para a vergonha eterna. A morte surge como uma condição de acesso a uma nova vida.

A ideia de ressurreição leva a outra, a de alma. Só com ela seria possível o retorno da vida a um corpo. No primeiro século da era comum, acreditava-se que a parte que não era matéria sobreviveria a ele, neste caso, a alma. Tratava-se de um todo único quando da Criação do Mundo. Não existiam "almas". Elas só foram separadas, ganhando identidade, após a criação do homem (PECHA, 2015). Ele é criado como uma *existência* formada por duas dimensões: a espiritual, chamada de alma ou forma, e a física, com o nome de matéria ou corpo. Esse corpo seria a veste, a roupa da alma humana para o judaísmo. A alma, por sua vez, combina elementos femininos e masculinos que voltam a se separar durante o nascimento do indivíduo, no plano físico, segundo a *Cabala*, uma tradição mística surgida no século XVIII, na Espanha e no sul da França, a partir de ensinamentos esotéricos (UNTERMAN, 1992). Importante destacar a complexidade da *Cabala*, que demanda estudos profundos e sistemáticos, de modo que detalhá-la não se constitui como objetivo deste estudo, ainda que extremamente importante.

Mais uma vez, a *Torá* nos ajuda a entender melhor a cosmovisão do judeu. O livro do Gênesis narra a criação do homem (*Adám*) a partir do pó da terra. Ele torna-se "alma viva" depois que Deus sopra o alento da vida nas narinas dele. Este sopro é a "essência mais íntima de Deus". Sua essência está apenas na alma humana porque tudo o mais que Deus criou o fez através da fala, e a fala encontra-se numa posição inferior com relação à respiração, segundo a Bíblia. No judaísmo, toda alma é única e composta de três diferentes partes com significados distintos. A primeira é aquela que movimenta o corpo humano, por isso, ligada à ação. Ela se chama *Néfesh* e pode ser traduzida como "vida". Pecha afirma que *Néfesh* também pode ser compreendida como espírito, presente nos seres humanos, demais animais, plantas e até a "matéria inanimada" (PECHA, 2015). Para Luria, *Néfesh* também é espírito, mas um inferior. O imediatamente superior, ele chamou *Rúach*.

Rúach significa "vento". É a segunda parte da alma, uma espécie de elo, de liga que une as dimensões da matéria e do espírito. Ela está relacionada aos traços emocionais e intelectuais de cada indivíduo, ao conhecimento de si próprio, além de mediar conflitos que surgem na parte anterior, a *Néfesh*, quando é necessário escolher entre o bem (*ietser tov*, a tendência para o bem) e o mal (*etser rá*, tendência para o mal). Cada um decide conforme o seu livre-arbítrio. *Rúach* é a ponte, o meio de caminho que vincula a *Néfesh* à *Neshamá*, terceira e última parte da alma, aquela que está mais perto de Deus, a *Neshamá, neshimish*, respiração. Está em sintonia com o pensamento. Este estágio é bem superior aos anteriores, permitindo que o caráter do sujeito seja refinado. Unterman chama atenção para a *Neshamá Ieterá*, que significa "alma adicional" ou "alma suplementar". O judeu recebe essa segunda alma da Árvore da Vida por ocasião do *Shabat* de modo que possa celebrá-lo com mais ânimo. Após seu término, a *Neshamá Ieterá* é devolvida (UNTERMAN, 1992).

Alguns autores argumentam que a alma teria ainda outras duas partes ou níveis, totalizando cinco Luzes, como também são conhecidas. Além das *Néfesh, Rúach* e *Neshamá*, temos *Chaiá* e *Lechidá*. Essa seria a ordem crescente em que se apresentam dentro de um processo de evolução de cada indivíduo. O objetivo seria alcançar a perfeição à medida que ocorre o distanciamento das forças negativas a que se está sujeito e que os judeus chamam de *Klipot*. Um perigo para o menor estágio de evolução que é a *Néfesh*, responsável por viabilizar a realização dos instintos e necessidades mais básicos do ser humano, que recebe as partes ou Luzes aos poucos, de acordo com seus méritos. Apenas no dia de sua morte, ou considerando-se um sacrifício que tenha feito, é que a pessoa recebe as duas últimas Luzes: a *Chaiá*, também chamada Forma Viva e origem da vida eterna, e *Lechidá*, ou Unidade, dada unicamente a quem conseguiu compreender Deus em toda sua dimensão.

A morte, no judaísmo, não consiste em um evento único que ocorre no instante exato em que a vida cessa, mas um processo no qual, aos poucos, a alma vai se desligando do corpo. De acordo com a teologia judaica, um mês antes da morte, a alma do indivíduo se divide em 30 partes e, a cada dia, uma delas se separa das demais até que, no final desse período, a alma por completo terá deixado o corpo no momento de sua morte. Reunidas mais uma vez, agora, elas tornam a se separar em três partes já citadas anteriormente. Uma delas permanecerá junto à matéria, ao corpo da pessoa que morreu, a *Néfesh*. *Rúach* e *Neshamá* seguirão para o Paraíso Inferior e o Paraíso Superior, respectivamente. Até o dia do julgamento, é necessário que a alma esteja limpa, sem a *kelipá*, toda a sujeira que a cobria. A este processo de limpeza e purificação, Pecha (2015) dá o nome de *Chibut Hakêver*. Seu grau de rigor dependerá de alguns critérios ligados ao comportamento do indivíduo em vida: se ele cumpriu as *mitsvot*, se houve arrependimento pelas faltas cometidas e estudo da *Torá*.

Em quase todas as grandes religiões, após a morte, o destino da alma do ser humano é incerto. Julgamento, salvação, inferno, purgatório, paraíso, ressurreição, reencarnação, o que acontecerá com ela depende de uma série de variáveis que esboçam a forma como os grupos organizam a maneira de viver a partir de um sistema de crenças. Para o judaísmo, pensar sobre a morte e a alma implica refletir a respeito da existência de cinco diferentes mundos, conforme afirma Pecha (2015): mundo físico, das almas, da era do Messias, no tempo da ressurreição dos mortos e vindouro.

O *Olam Hazé* é o primeiro entre eles. Trata-se do mundo físico, da matéria, que abriga nossos corpos neste momento. Após a morte, livres, as almas entram em seu mundo, composto de dois espaços distintos. O Paraíso é um deles e está dividido em duas partes, a Inferior e a Superior. O outro é o Inferno, que também se divide em dois: o *Sheol* e o *Avadon*. Este é o nível mais baixo do Inferno e do qual as almas não saem. Já o *Sheol* apresenta um nível pouco mais elevado, recebendo a alma de todos aqueles que ignoraram os ensinamentos do Livro Sagrado e deixaram de se arrepender por suas faltas. Importante observar o que diz a *Mishiná*. Nenhuma alma passa mais do que um ano no Inferno, um lugar que, para muitos, a exemplo de Luria (2014), mais do que castigo, é aprendizado, oportunidade única de purificação da alma.

Figura 38 – *Guehinom*. Mortos no inferno na visão de Jan van Eyck

Fonte: https://upload.wikimedia.org/wikipedia/commons/thumb/8/8b/Jan_van_Eyck_-_Diptych_-_WGA07587%2C_right_panel.jpg/305px-Jan_van_Eyck_-_Diptych_-_WGA07587%2C_right_panel.jpg. Acesso em: 28 nov. 2023.

Assim como fazem os vivos, as almas também aguardam a chegada do *Mashíach*, o Messias, um rei descendente de Davi. Sua vinda, idealizada à luz da justiça e da glória, de acordo com a tradição judaica, é revestida tanto por um caráter natural quanto sobrenatural. Começaria, então, o mundo da era do Messias. Já o mundo no tempo da ressurreição dos mortos está vinculado à ideia de que a devolução da alma ao corpo não é garantida e depende de três julgamentos. O primeiro ocorre sobre o corpo no último dia do ano judaico. A pessoa é julgada pelos atos que praticou ao longo desse período. Após a morte, acontece o segundo julgamento, quando se decide se a alma terá como destino o Paraíso ou o Inferno. Por fim, o terceiro e "Grande Julgamento", feito sobre o corpo e a alma, define se o indivíduo merece a ressurreição ou não (PECHA, 2015).

A ressurreição e a imortalidade da alma são alguns dos inúmeros temas que dividem a opinião entre os judeus, o que é compreensível. Não raro, encontramos grupos que professam a mesma fé e manifestam algumas perspectivas diferentes entre si a respeito de determinados assuntos. Ainda sobre a ressurreição, há uma grande discussão em torno do momento em que ela vai ocorrer e é muito aceita a ideia de que os mortos voltarão à vida com a chegada do Messias. Mas eles vão retornar para qual mundo? O da matéria? O das almas? Esta é uma grande questão para a qual se apresentam algumas respostas que nos conduzem ao que os judeus chamam mundo por vir, em hebraico, *Olam Habá*.

Pensar esse mundo por vir, o Mundo Vindouro, abre outra importante discussão no judaísmo e que está ligada à percepção de tempo e espaço. Existe uma corrente que acredita que esse mundo está por vir para aqueles que ainda habitam o mundo da matéria. Eles precisam morrer para acessar o novo espaço. Para os que morreram, o Mundo Vindouro já seria uma realidade. Dito de outro modo, são dois mundos, o da matéria e o por vir, constituindo espaço distintos, mas inseridos em um mesmo tempo, o presente.

Ao defender essa posição, Maimônides diverge frontalmente de outra importante referência judaica. Nachmânides compreendia o Mundo Vindouro a partir de uma materialidade futura, como aquele que substituiria o mundo da matéria, que não mais existiria. Eterno e único, o *Olam Habá* teria início com o Messias. Vai suceder o mundo material, e esta nova realidade será eterna. Entretanto, isso só vai acontecer após o advento do Messias. Um detalhe que merece atenção: a circunstância na qual os mortos retornariam à vida. Seria no momento em que o Profeta Elias tocasse o *shofar*, um instrumento de sopro que pode ser feito com chifres de animais casher. É muito comum o uso de chifres de carneiro. O *shofar* é usado em diversos momentos do dia a dia dos judeus e se assemelha ao berrante, outro instrumento de sopro muito comum no interior do Brasil.

Figura 39 – *Shofar* feito com o chifre oco de um carneiro

Fonte: IStok – Mikhail Levit. Disponível em: https://thumbs.dreamstime.com/z/sopro-no-shofar-3008532.jpg?w=992. Acesso em: 28 nov. 2023.

A reencarnação é outra crença identificada na teologia judaica e surgida ainda durante a Idade Média, entre judeus alinhados com o misticismo. Em hebraico, pode ser traduzida como *guilgul neshamot*. Também é comum encontrarmos o termo *transmigração das almas* como substituto para reencarnação, que, a exemplo de questões já vistas aqui, não constituiu uma unanimidade. As divergências se apresentaram a partir de questionamentos diversos. A alma poderia ou não, após a morte, voltar para o mesmo corpo que a revestia? E para um corpo diferente? E se o corpo fosse de outro animal ou mesmo um inanimado, seria possível? Leone destaca que, ainda no século XV, a reencarnação era citada em muitos livros místicos ligados à *Cabala* (LEONE, 2007). O tema continuaria mobilizando a atenção de curiosos, filósofos e sábios que acabaram por propor novos entendimentos sobre a reencarnação.

Durante o período medieval, o pensamento mais comum era o de que só reencarnava quem precisava ser castigado em função das faltas cometidas em vida. O rabino Isaac Luria tinha outra compreensão. Para ele, reencarnar significava a oportunidade de evoluir e transformar a si mesmo, aos outros e tudo ao redor. Essa seria uma condição que poria fim à espera milenar do Messias. Importante observar que a visão de Luria ligava a reencarnação à ideia de conserto, que, em hebraico, significa *ticun* (tikun), presente de maneira muito contundente em toda a sua filosofia. Luria apresentou quatro justificativas para a reencarnação e todas têm, de alguma forma, a ver com o aperfeiçoamento coletivo ou individual. De acordo com Luria, uma alma pode reencarnar para ajudar uma outra a fazer sua correção, seu *ticun*. O insucesso desta não implica em pena para a que veio em auxílio. Outro motivo seria fazer o próprio *ticun*, corrigir seus erros durante a vida no mundo material, e, apesar do propósito de não cometer mais falhas, nada impediria que as mesmas ou novas viessem a ocorrer. A reencarnação também poderia ter o objetivo de permitir o cumprimento de algum mandamento, preceito, em hebraico *mitsvá*, não atendido ou atendido de forma parcial. A quarta e última motivação para reencarnar é a necessidade de se encontrar a alma-gêmea, considerando-se que, nem sempre, elas conseguem retornar ao mesmo tempo e no mesmo lugar.

Embora esta obra se proponha a abordar um tema de forma mais pormenorizada, ela também almeja apresentar as ideias de um modo mais acessível e até didático. Para tanto, assume-se o risco de deixar a impressão de que se tratam de questões simples e que seguem uma ordem linear, mas não. Há uma complexidade que tudo permeia, e é bom que isso fique claro para você que nos acompanha. Esta dificuldade pode ser percebida a partir da seguinte reflexão: se partimos do princípio de que é a alma que reencarna e que para alcançar seus níveis mais elevados, o que ocorre por mérito próprio, mensurado por seus acertos, permitindo que passe de um estágio inferior a outro superior, ela precisará de algumas reencarnações até que possa concluir sua jornada evolutiva. Convenhamos, uma missão nada fácil.

No que se refere à morte e ao sentido da vida, a crença na reencarnação acabou por se tornar uma das mais fortes (LEONE, 2007). Essa força ganha uma dimensão ainda maior se pararmos para refletir que, a respeito do pós-morte, nenhuma outra crença de relevância surgiu. Não há consenso absoluto sobre qualquer ideia abordada nas últimas páginas. O que temos são possibilidades que, em diálogo umas com as outras, nos ajudam a criar um alicerce para pensar de que maneira os judeus do Recife elaboraram e ressignificam o repertório que lhes possibilita entender a vida, a morte e o que vem depois dela, individual e coletivamente, enquanto grupo e comunidade que, só em Pernambuco, vive e resiste desde o século XVI.

4.1. Eu trabalho com os mortos – Depoimento 05

I.E.
Líder religioso
Entrevista realizada em 2016

"Eu trabalho com os mortos. Minha função aqui na cidade é cuidar dos mortos."

Eu sou judeu de nascimento. De pai, de mãe, de avó, de bisavó! Sou judeu até hoje. Nasci no Marrocos, África, em 1935, mas minha família mudou-se para o Brasil logo depois, quando eu tinha três meses de idade. Assim que chegamos, nós fomos morar em Belém, capital do Pará, na Região Norte do país. De lá, a gente veio para o Nordeste em 1951. Eu tinha 16 anos quando chegamos a Pernambuco e nos instalamos na capital, Recife.

Desde 1975, eu trabalho com os mortos. Minha função aqui na cidade é cuidar dos mortos. Cuidar dos mortos quer dizer preparar eles. Assim como eles nascem, têm que ir para o túmulo. Nascem nus, têm que ir nus. Quando nasce, a gente cobre e lava, o bebê. A gente lava, cobre com roupas limpas e virgens. Da mesma forma, nós fazemos para um morto. A gente lava ele e veste ele de mortuário, roupa branca e o enterra mediante umas bênçãos, mediante umas orações e lá fica para a vida toda. Não tem mais saída. Saiu da terra, voltou para terra. O resto, outra conversa.

Está escrito no Salmo 145: "No dia de sua morte, acabaram-se seus desígnios". Ou pensamentos, ou qualquer outra coisa. No dia de fechar os olhos, perdeu tudo. Não tem mais nada. O que vier a acontecer depois só Deus sabe. Ninguém sabe, ninguém sabe. Ninguém escreveu, ninguém falou a respeito depois da morte. Todos aqueles que escreveram após morte é tudo fantasia, é conversa, é comércio. Ninguém, ninguém, ninguém sabe a respeito após morte. Não tem. Não tem livro que indique o que acontece depois, depois da morte. Está escrito no Salmo 145: "No dia de sua morte, perdeu todos os seus desígnios", não tem mais nada para pensar, não tem mais nada para fazer, não tem mais nada para procurar.

Faz parte da vida. A morte faz parte da vida. Hoje em dia, já estamos aceitando ela, mas, antigamente, antigamente, se lamentava muito a respeito da morte porque Deus estava na Terra. Hoje, Ele está fora da Terra. Quando falo antigamente, me refiro ao tempo de Moisés, tempo dos profetas. Hoje, não temos mais profetas. Hoje, não temos mais nada. Nosso Pai foi-se embora para o *Ein Sof*. *Ein Sof* quer dizer "não tem limite", "infinito". Ele subiu, desapareceu, não quer saber mais da humanidade. Por causa da violência, por causa da maldade, por causa da corrupção, o mal prevalece. Quando o mal prevalece, Deus foge, não está com a gente. É preciso muita concentração, é preciso muita oração para Ele se aproximar de você. Não de todos, mas de você! E por isso que a gente está lutando, para aproximar Ele da gente. Aproxima, aproxima, mas muito difícil. A maldade prevalece.

Eu tenho 81 anos e já estive em duas guerras. Vi soldados mortos na minha frente. Carreguei etc. etc. Não se pode contar. Guerra em Israel. Era a Guerra da Independência, em 1948, e a segunda, em 1967, Guerra do Sinai. Junto comigo, um soldado levou rajada na barriga. Não dá para descrever o tipo de morte! Mas é assim mesmo, é assim mesmo. O problema é o homem. O problema é o homem que procura todo o mal. Infelizmente, é assim. Temos que nos afastar do mal. Esse é o problema de hoje.

Algumas mortes marcam a gente. Por exemplo, eu estava sentado e havia um soldado a meu lado. Soldado aqui, soldado lá, soldado em todo lugar, em degraus. Em frente, tinha um cinema. Aí, de repente, veio uma rajada de metralhadora. Tá, tá, tá, tá, tá... Pegou a gente. Pegou a gente daqui para o lado de lá. Não atingiu a mim, o de cá, o de lá. Pegou daqui para o lado de cá. Não sei como Deus nos livrou. Aí, quando eu vi esse camarada junto de mim, ele estava com as costas todas abertas como um livro. Entrou tudo, e as costas abertas! Aparecia tudo! Aí eu pensei: "O homem não vale nada!". Pensei que o homem não vale nada, nada, nada, nada! É tudo água, é tudo líquido dentro do corpo. O soldado estava com tudo escorrendo de cima para baixo, tudo no chão, carregamos ele, mas não adiantou. Essa é uma morte que eu não posso esquecer.

Agora, as mortes naturais, tudo bem. Eu vou, faço meu serviço, cubro eles, lavo eles, faço tudo, enterro eles, está tudo bem. Recentemente, um rapaz de vinte ou vinte e poucos anos sofreu um acidente de moto, teve um acidente de moto. Entrou no ônibus, enterramos ele. A cabeça entrou dentro do corpo. Pé direito, pé esquerdo, ninguém sabia qual era. Tudo misturado. Esse cidadão, a gente não pode fazer nada com ele. Tem que enterrar ele como está. Não podemos fazer nada. Nada, nada, nem tocar nele. Porque todo sangue do corpo está derramado e a vida é sangue. Se a gente faz uma oração para o morto, ele ainda está com o sangue. Se tiver um corte com sangue, não mexe mais com ele. Tem que enterrar do jeito que ele está.

Quando morre alguém mais próximo, de minhas relações pessoais, é a mesma coisa, mesma coisa! Como perder um filho. Eu perdi um filho com pancreatite. A mesma coisa que eu faço para esse, eu faço para aquele. Não tem diferença nenhuma porque quem morre não pertence mais aos vivos. Somos nós que cuidamos dele, mas ele não pertence mais aos vivos. Ele pertence a nós que cuidamos do morto. Então, nós não podemos distinguir filho, mãe, pai, ninguém! Assim como ele é, ele será. Tratamento igual para todos.

Na comunidade judaica, quando é preciso lidar com a morte, percebo que é só emoção, só emoção. Eles não entendem nada, não entendem nada. Só quem entende somos nós que lidamos com os mortos. Quantas vezes eu abri túmulos e encontrei o morto diferente! Diferente! A gente coloca ele direito, com as mãos ao lado, e acha ele diferente, virado quando é preciso abrir a sepultura! Não sei como é que se faz, como acontece isso. Agora, eu não posso pensar que foi enterrado vivo. De jeito nenhum. A gente faz as coisas para sentir que ele está bem morto. Faz as coisas bem, mexendo os dedos, mexendo o corpo, mexendo em todos os pontos sensíveis para ver se ele se mexe. Usa água gelada para ver se está vivo. Nada. Está morto de verdade, mas é muito complicado porque quando ele está dentro do túmulo, surgem os vermes. Cada verme que nasce dentro do corpo do morto é um grito tremendo que ele dá. Ninguém ouve. Só ele mesmo e os que estão dentro. É a vida deles. Eles dão um grito para cada verme que aparece no corpo deles. É insuportável para eles. A gente não ouve. E assim vai. Portanto, a gente não pode pensar que foi enterrado vivo.

Eu já lhe disse que ninguém sabe o que tem após a morte. Vou lhes dar um exemplo: muita gente aqui me pergunta aonde que vai a alma. Aonde é que vai a alma? O corpo pertence à Terra, a respiração pertence a Deus, *Rúach* (sopro, respiração, ânimo), e *Nechamá*, o espírito, é a alma que sobe, para cima. Ninguém sabe aonde é que ela sobe. Agora, o corpo tem três coisas, três coisas: *Rúach* (espírito), *nechamá* (alma) e *Guf* (corpo), isto é, corpo, alma e espírito, não é isso? Não tem mais nada. Três coisas. Comparo o homem a uma vela. Uma vela tem três coisas também. Tem a cera, o pavio, e qual é a terceira coisa? A chama. Isso aí é a comparação de por que a gente acende uma vela quando o sujeito morre. Essa vela simboliza o corpo do homem. Você acende a vela, o homem nasce. A vela vai desgastando, desgastando, desgastando, desgastando. O homem vai vivendo, vivendo, vivendo, vivendo. Quando a vela se acaba, o homem morre. O que é que sobrou? Não sobrou cera. Não sobrou pavio. A chama não tem, acabou, mas houve a fumaça. Que sobe. Para onde? Se alguém me disser aonde que ela vai, essa fumaça, eu dou minha cara para bater. É a mesma coisa a alma da gente. Ela sobe. Para onde? Deus sabe. Ninguém mais sabe. Essa é a comparação que eu faço hoje. Não tem explicação. Para onde é que sobe? Sobe para o espaço, esse espaço que nós chamamos de *Ein Sof*. *Ein Sof* significa "infinito". Pronto. A vida do morto não se pode saber, não.

4.2. Reencontro – Depoimento 06

A.S.
Fonoaudióloga
Entrevista realizada em 2016

"Tenha fé, porque um dia a gente vai se encontrar."

Eu venho de uma família católica não praticante e fui criada dentro de um contexto que não tinha a prática religiosa. Então, para mim, ter me convertido ao judaísmo foi natural. Eu convivi muito no período de infância e adolescência com a comunidade judaica, aqui no Recife, embora eu seja de família católica por parte de pai e de mãe. Por não ter tido essa prática, eu não tive a voz. Normalmente, a gente vem e recebe dos avós, que passaram para os pais e eles vão passando de geração em geração. Então, essa prática religiosa, na minha casa, nunca existiu. Hoje, na senescência, na velhice, minha mãe é que está indo mais à igreja, mas eu preferi me converter ao judaísmo.

Foi há muito tempo. Eu não era nem casada, foi antes de casar. Também não foi uma imposição familiar por parte do meu marido, que é judeu, mas foi uma opção que eu tive porque eu me identifiquei com o judaísmo. Foi uma identificação. Eu morei em Israel. Eu pude vivenciar, em Israel, por exemplo, a prática das festividades. Na verdade, hoje, minha família núcleo e a família de meu marido, que é toda de origem judaica, a gente não é uma família religiosa, tradicionalmente religiosa, mas a gente mantém as tradições religiosas. A gente mantém as festividades. O calendário judaico, ele é bem praticado na família, sem essa presença extrema dentro da religião, essa prática muito ortodoxa. Não, de jeito nenhum. A gente trabalha o judaísmo, a gente mantém as tradições judaicas.

Dentro dessa sua perspectiva, eu passei muito tempo temendo a morte. Mas, hoje, dentro desses meus 51 anos de vida, eu já mudei muito o conceito com relação à morte. Eu vejo a morte, hoje, como uma passagem e de uma forma muito tranquila. Antigamente, era escondido das crianças essas coisas. "Não pode ter contato com o morto." "Não vamos levar as crianças para o enterro", inclusive o enterro no judaísmo é muito diferente. A forma como se enterra o morto, é uma cerimônia completamente diferente da cerimônia católica, cristã. Mas, hoje, eu encaro a morte assim, como uma passagem. O final de um ciclo e o começo de outro.

No sentido bem simbólico, eu fico imaginando uma vela acesa, muito acesa, que fica ali, vibrando. Aquela energia que vibra quando ela está acesa e aí a pessoa, quando está no finalzinho da respiração, vem um suspiro que apaga a vela e aquela fumaça sobe. Então, essa passagem, simbolicamente imaginando, se você tivesse que fazer um desenho, eu faria esse desenho, de uma vela acesa e uma fumaça que subiu. O último suspiro é esse sopro que apagou a vela e fez a fumaça subir. Então, você sai de um plano e vai para outro. Você termina um ciclo e, imediatamente, já começa outro. A fumaça seria a alma e a vela, o corpo. A luz da vela em vida, mas a fumaça que vai... e quando você morre, você já está em outro plano. Começa outro ciclo.

Como eu pensava a morte antes, era um temor. Um misto de temor porque a gente não conhece nem se aprofunda muito no assunto, não procura se informar também, o que é que uma religião diz. Eu sou muito eclética, eu sou muito ecumênica, vamos dizer assim. Eu gosto de saber um pouco o que cada religião diz a respeito da morte e também porque eu tenho, de um lado, uma família cristã e, de outro, uma família judia. Então, dentro do conceito do que cada religião diz, eu me interesso. A mim me interessa muito saber o que o espiritismo diz sobre a morte. O que diz o candomblé sobre a morte? O que diz o budismo sobre a morte? Eu tenho lido muito, por exemplo, sobre alma, sobre reencarnação, sobre muitas coisas que, hoje, estão me acrescentando e me aquietando, me aquietando a alma. Isso me aquieta. Eu era inquieta com relação ao desconhecido. Continua sendo. A morte continua sendo um grande mistério, mas eu acho que passa muito quando o nível de fé vai aumentando. Eu sempre fui uma pessoa de fé. Eu acho que a gente tem que ser alimentado pela fé. Eu sempre digo assim: no maior dos desesperos, quando você perde uma pessoa muito querida, você tem que ter fé, e é nisso que eu acredito. A fé, a gente tem que ser movida por ela. Ela é que conecta você com o que você acredita. Eu acredito em Deus. Eu acredito que um dia a gente se encontra, em algum momento. Que a energia não acaba, ela vibra. É um plano que a gente não alcança, que os olhos da gente não alcançam, mas que existe e que a gente consegue sentir.

Eu não tive avós. Só uma avó materna que morreu com cem anos. Ela ia fazer cento e um anos e foi dormir, mas não acordou. Ela não soube o que é um leito de hospital. Entre familiares próximos, eu não senti a morte assim, de tão perto, de perder uma mãe, um pai, um irmão. Eu ainda tenho pai e mãe. São todos vivos. Os avós, eu só tinha essa avó e que viveu muito. Eu vivi minha infância, minha adolescência, ela soube que minha filha M. nasceu, mas não a viu. Porém morreu sabendo porque ela morreu em março e M. nasceu em 26 de fevereiro. Foi muito próximo do período que ela morreu. Então, entre os entes queridos de família, eu não tive esse impacto forte. Depois, vieram os tios, mas também viveram muito, tanto de um lado como do outro. Eu tenho todas as minhas tias, só a mais velha que morreu com 96 anos. Meus familiares, eu tenho quase todos. O que chegou mais impactante para mim são as perdas de amigos que se foram muito brevemente. Por doença, por acidente e que, realmente, foi um impacto muito forte porque a gente fica pensando "Meu Deus, tinha muita coisa ainda para ser vivida!", mas a gente não escolhe o dia. A gente pensa assim: Deus coloca e leva no momento que para Ele é o momento certo de trazer para junto. Eu estou vendo mais por este aspecto, entendeu? Claro, impacta o fato de você perder uma pessoa próxima, claro que impacta! Mas hoje eu lido de uma forma, vamos dizer, mais tranquila do que antes. Quando eu digo antes, é bem antes, na minha juventude, de saber que uma pessoa tão jovem morreu ou um filho de um amigo seu, não é? Morreu de repente, não estava doente, um acidente. Dentro dessa perspectiva de você ainda ter uma vida longa pela frente e perde um filho, um filho de um amigo seu ou um amigo seu próximo.

Essas mudanças não tiveram a ver com minha conversão para o judaísmo. Eu não faço essa ligação porque eu permeio nesses conceitos de outras religiões e crenças diferentes da minha. Vêm mais de um amadurecimento pela busca dessa informação, movida por uma fé. Existe a fé. A minha conexão com Deus é muito grande e eu tenho minha maneira de me conectar com Ele. Eu não preciso estar numa sinagoga, ou participando de uma missa de 7º dia, ou ter que entrar num templo. Eu não tenho essa necessidade física de estar em algum lugar que represente uma religião qualquer para me conectar, não. Dentro do judaísmo, eu não preciso estar numa sinagoga para entrar em contato com Deus. Minha relação com Ele é em qualquer lugar. Basta eu me concentrar e pedir, agradecer, entrar nesse movimento de oração e de calmaria mesmo. Eu acho que quando você quer conversar com Deus, você tem que estar em um lugar, em um momento com a sua disponibilidade, não precisa ser um tempo grande, mas um momento que seja significativo para você entrar nessa conexão. Eu faço isso com frequência.

Se eu acredito que tudo se encerra com morte? Não, não acredito, não. Acredito que tem algo paralelo que a gente tem que esperar. É esse o grande mistério, não é? O que vem depois. Que vem, vem. Mas o que vem depois a gente vai ter que ter paciência para esperar. Eu sempre volto na palavra "fé" porque quando a gente abraça uma pessoa que perdeu um ente querido, você diz assim: "Tenha fé, porque um dia a gente vai se encontrar!".

5. A MORTE ENTRE OS JUDEUS DO RECIFE

Neste capítulo, pretendo analisar o conteúdo reunido por meio das entrevistas que realizei durante o trabalho de campo desenvolvido no Recife. Como dito anteriormente, todas as pessoas entrevistadas fazem parte da comunidade judaica da cidade. Para fins de identificação nas citações que se seguem, opto por usar apenas as iniciais de seus nomes e sobrenomes, de modo a evitar questionamentos por parte do leitor e, sobretudo, preservar a identidade dos informantes embora nenhum deles tenha pedido sigilo com relação aos dados. Reitero que tal opção em nada altera o resultado almejado. Três destas narrativas fecharão este capítulo, como ocorreu nos anteriores. Elas mostram como estes judeus costumam pensar sobre a morte, a forma como ela ocorre e, até que ponto, pode ser interpretada como uma libertação.

Antes, porém, por meio do diálogo entre os depoimentos dos informantes, as ideias e teorias que amparam esse trabalho, pretendo apresentar uma possibilidade de interpretação de como os judeus do Recife lidam com a morte e com os processos individuais e coletivos dela decorrentes. Por processos, entendam-se a obediência ou não de costumes, o reforço de tradições, a vivência do luto, o entendimento do pós-morte e possíveis mudanças de comportamento associadas à morte de algum ente querido, próximo ou não, ou nas palavras de Bauman (2006), "um companheiro-na-vida".

Esse diálogo surge a partir de cinco categorias de análise. Algumas foram estabelecidas previamente para a realização das entrevistas, com base na experiência de pesquisas anteriores e na literatura a que tive acesso sobre o tema. Outras "se impuseram" dada a recorrência com que foram mencionadas em diferentes depoimentos. A saber: judeu, religiosidade, medo, transformação e pós-morte, sobre as quais trato a seguir.

5.1. Judeu

Ser e/ou se reconhecer judeu foi um dos critérios adotados por mim durante o processo de seleção dos informantes. Uma vez que o trabalho se debruça sobre esse grupo, não atender ao requisito já seria um ponto de corte por si só, fato que não ocorreu em momento algum porque todos os interlocutores se declararam judeus.

O que faz com o que esse critério pensado e adotado ainda na fase de definição da metodologia retorne, aqui e agora, como uma categoria de análise é a força com a qual a questão se impõe em diversos debates na contemporaneidade, uma demonstração de que aquilo que mexe com ou vem inquietando os indivíduos tem tido um rebatimento dentro dos muros da academia.

Andréa Kogan (2016) dedicou um capítulo de sua pesquisa sobre a experiência espiritual dos judeus na metrópole paulistana, desenvolvida na Pontifícia Universidade Católica de São Paulo, pensando esta indefinição que caracteriza a tentativa de chegar a um consenso do que é ser judeu, que passa também pela difícil discussão do que é judaísmo e que está relacionada a inúmeros aspectos da vida particular e coletiva do indivíduo.

Em alinhamento com a autora, também entendo que não seja possível apresentarmos uma única resposta que dê conta de tudo que o termo possa implicar. Entretanto, é possível e necessário compreender o que essa ideia de pertencimento representa para o judeu porque ela vai interferir no modo como ele constrói sua visão de mundo. Para alguns de meus entrevistados, sobretudo os mais velhos, essa visão aparenta ser clara, bem estabelecida, e, se há dilemas, não chegam a ser um problema porque também são perfeitamente administráveis, como disse F.S., à época, com 77 anos: "Eu já tenho idade suficiente para aceitar meus próprios paradoxos".

Embora eles não tivessem dúvidas a respeito da própria origem ou do modo como se veem inseridos no mundo e, para ser mais específico, na sociedade da qual fazem parte, a maioria dos interlocutores deixou claro que responder à pergunta "Você é ou se reconhece como judeu?" não é tarefa fácil. Nem para ele mesmo.

A dificuldade talvez resida no fato de que a pergunta admite múltiplas respostas, dependendo da perspectiva adotada por quem pretende respondê-la. Repito: achar uma única e definitiva resposta não é objeto deste trabalho, que, antes, se propõe a apresentar caminhos por onde se possa trilhar. As análises a seguir consideram três situações identificadas na fala dos entrevistados: o que se pode apreender a partir da tradição judaica, da compreensão que o judeu tem do judaísmo enquanto uma totalidade e do entendimento que ele tem do indivíduo que segue uma religião.

Começando pela tradição judaica, ela define judeu como sendo aquele ou aquela que nasce do ventre de uma mãe judia. É o caso de B.S., que, com mais de 80 anos, descreve com exatidão sua origem:

> Eu sou judia, autêntica. Meus pais eram judeus vindos da Romênia, da cidadezinha de Falesti. Meu pai chegou aqui ao Brasil em 1927. Desembarcou em São Paulo, passou por Salvador e, depois, veio para o Recife. E a minha mãe chegou em 1932, diretamente para o Recife (B.S., 2015).

Nascer de um ventre judeu nem sempre significa garantia de pertencimento ao grupo em sua expressão máxima. É o que percebi ao ouvir uma outra informante que também teve uma mãe judia, mas o pai era um cristão católico[20]. De acordo com S.A., havia um vazio enorme decorrente de uma situação estabelecida e incômoda a seu ver: ela e os seis irmãos sabiam que eram judeus, mas não viviam como um deles. Foram criados dentro do que ela chama de comunidade maior, referindo-se aos preceitos católicos transmitidos pela família por parte de pai, bem como às práticas vividas no meio externo, a exemplo da escola e outros grupos sociais alinhados com o catolicismo.

S.A. conta ainda que toda essa realidade só mudou quando ela completou 45 anos e resolveu buscar respostas para seus questionamentos, vivendo de acordo com os mandamentos do judaísmo:

> Hoje, todas as minhas práticas são judaicas. *Shabat*, frequento a sinagoga, eu me conectei com o Estado de Israel, tenho uma filha que mora em Israel já. Porque uma coisa sou eu e outra

[20] Este é um caso de casamento misto que, embora não seja aceito no judaísmo ortodoxo, tem se tornado mais comum com o passar dos anos. Tanto que, em muitos cemitérios israelitas, já é possível encontrar quadras destinadas ao sepultamento de casais em que um dos cônjuges era judeu e o outro professava uma fé distinta. É o caso do Cemitério Israelita do Curado, no Recife.

> coisa são os meus filhos, porque já é outra geração. Eu tenho três filhos. São judeus. A minha história se repete com meus filhos, só que agora com uma situação diferente porque eu encontrei minha identidade. Então, a partir do momento que eu encontrei minha identidade, é como se os filhos fossem buscando a deles com mais facilidade do que eu tive porque eles já convivem dentro da comunidade (S.A., 2016).

Além dos nascidos de mãe judia, a tradição judaica também considera judeu quem se converteu ao judaísmo. É o caso de minha informante A.S., convertida. A conversão ocorreu antes de ela se casar com um judeu nascido de mãe judia. A.S. relata que nasceu e foi criada em uma família de católicos, mas, no fim da adolescência, percebeu que tinha uma grande afinidade com o judaísmo:

> Para mim, ter me convertido ao judaísmo foi natural. Eu convivi muito no período de infância e adolescência com a comunidade judaica, aqui no Recife, embora eu seja de família católica por parte de pai e de mãe. [...]. Também não foi uma imposição familiar por parte do meu marido, que é judeu, mas foi uma opção que eu fiz porque eu me identifiquei com o judaísmo. Foi uma identificação (A.S., 2016).

As questões que permeiam a busca por compreensão do que é ser judeu são interligadas de tal maneira que é quase impossível isolar seus aspectos de modo total. Ao que está posto pela tradição judaica, devemos somar os elementos apresentados por aqueles que entendem ser judeu como alguém que vive de acordo com um conjunto de regras, práticas, experiências de ordens diversas e conceitos adotados por um grupo que se reconhece como único e que compartilha um mesmo repertório, neste caso, chamado judaísmo. Nas palavras do escritor israelense Amós Oz:

> Judaísmo é uma civilização. E uma das poucas civilizações que deixaram suas marcas em toda a humanidade. Religião é um elemento central na civilização judaica, talvez mesmo sua origem, mas essa civilização não pode ser apresentada como nada além de uma religião. Da fonte religiosa dessa civilização cres-

> ceram manifestações espirituais que ampliaram a experiência religiosa, transformaram-na e até mesmo reagiram contra ela: línguas, costumes, estilos de vida, sensibilidades características, literatura, arte, ideias, opiniões. Tudo isso é judaísmo. A rebelião e a apostasia na nossa história, especialmente em gerações recentes, também são judaísmo. É uma herança ampla e abundante (OZ, 2015, p. 210).

São muitos os relatos dos interlocutores ressaltando as razões pelas quais se sentem ligados ao judaísmo e pertencentes ao grupo de judeus. Algumas coincidem e outras não. Segundo C.J., o que a une muito ao judaísmo é o lado cultural:

> Eu sei que, onde eu estiver no mundo, vai me dar um prazer diferente visitar uma sinagoga, saber que tem um judeu, saber que tem uma comunidade judaica ali. Então tem esse sentimento de pertencer, tem o lado cultural também. Eu estudei em colégio israelita, eu gosto de saber, apesar de não saber tanto, a história, as tradições, a cultura. Coisas mesmo dos tempos que passam. [...] E, para mim, uma coisa que foi fundamental foi participar de um movimento juvenil judaico que assim me deu, eu diria que foi, uma faculdade paralela, um aprender a vida de um jeito paralelo. Coisas que um jovem, eu diria até que um jovem brasileiro, talvez não tenha tanta chance. Eu sou brasileira, mas o jovem que não tem essa cultura judaica e esse vínculo ligado a uma escola ou um movimento juvenil talvez não tenha tido a chance de "experienciar" isso que eu e meus filhos vivemos (C.J., 2016).

O aspecto cultural é um dos mais recorrentes no discurso dos interlocutores. Todos o citam e alguns em diversos momentos de suas falas. Chamou-me a atenção que isso independe da faixa etária de cada um. Ninguém também formula qualquer esboço de conceito sobre o que é cultura, nem havia motivo para que o fosse feito, apenas se refere a ela de modo superficial, mas sempre com um tom que deixa subjacente a importância que tem para si. É o caso de D.S., que encontra nos aspectos culturais e laços de parentesco as razões pelas quais se reconhece judeu:

> Eu me considero judeu por conta da minha família, da minha cultura. Sempre estudei no Colégio Israelita, até a 8ª série no caso, que foi quando eu fui meio que obrigado a sair porque não tinha mais a continuação (da sequência escolar) no colégio. Os hábitos que eu tenho e que eu recebi de meus avós, de meus pais, sempre foram em relação à religião judaica (D.S., 2016).

A perspectiva de religião é perceptível nos depoimentos dos interlocutores que se consideram judeus também porque seguem uma religião comum, o judaísmo, a despeito de suas adjetivações, se ortodoxo ou reformista, por exemplo. Eles professam a fé mosaica, acreditam na *Torá*, encontram nela uma guia para demandas cotidianas e, a partir dela, elaboram sua visão de mundo, inserindo-se nele. O que observo aqui é a consciência e o sentimento de se reconhecer igual, judeu, pelo fato de seguir uma mesma religião, judaísmo, traço que pode ser identificado em todos com os quais conversei, embora nem todos se considerem religiosos.

Nas palavras de alguns informantes, é possível perceber a religião inserida na vida do indivíduo de forma mais efetiva, com a citação de eventos e/ou ideias extraídas da *Torá*. Caso de I.E., que, entre outras ocupações, era um dos líderes religiosos da comunidade judaica do Recife, morto em 2017. Com extremo domínio do livro sagrado para os judeus, ele demonstrava uma grande preocupação com a atenção, ou falta dela, dada pelos seguidores do judaísmo à religião. O resultado desse distanciamento, segundo I.E., pode ser percebido no aparente desaparecimento de Deus nas relações humanas:

> Ele subiu, desapareceu, não quer mais saber da humanidade. Por causa da violência, por causa da maldade, por causa da corrupção, o mal prevalece. Quando o mal prevalece, Deus foge, não está com a gente. É preciso muita concentração. É preciso muita oração para Ele se aproximar de você (I.E., 2016).

As palavras de I.E. refletem um comportamento identificado entre a maioria dos entrevistados para este trabalho. Eles informaram que não se consideram pessoas religiosas, ponto que abordarei mais adiante dando continuidade a essas análises que pretendem ajudar na construção dessa imagem que os judeus do Recife têm de si mesmos e de suas práticas. Em outros termos, são pessoas que se reconhecem como iguais porque carregam em si uma ascendência e um parentesco, ou acreditam em um mesmo Deus e professam a mesma fé, ou, para além disso, compartilham de um repertório maior que, ao mesmo tempo em que pauta, também assimila e se transforma a partir das vivências individuais e coletivas cotidianas. Importante considerar que essas possibilidades não são excludentes, podendo o indivíduo se identificar com mais de uma delas ou até mesmo todas.

Para Morin, é preciso buscar entender o que é ser judeu na contemporaneidade dentro de um contexto mais complexo, que significa extrapolar a ideia de religião, etnia, povo e nação que se tornou quase um senso comum ao longo dos séculos. De acordo com o autor:

> Como houve um reino de Judá e depois uma província romana da Judeia, a noção de judeu era simultaneamente religiosa, étnica e nacional. Ser judeu era então definir-se pela religião mosaica, pela pertença ao povo hebreu e pela nação que tinha por capital Jerusalém (MORIN, 2007, p. 15).

Não há mais como tentar compreender o judeu apenas dessa forma. Seria extremamente raso e aquém das demandas atuais que ensejam mais tolerância, troca e democracia. Na contemporaneidade, ser judeu implica numa diversidade de características que passam pelas noções de religião, identidade coletiva, povo, política, cultura e, acredito, alteridade – dentro e fora do judaísmo. É urgente lidar com o outro, sempre diferente, não importa o parâmetro da diferença, para descobrir meios de manter e restabelecer laços que permitam a coesão do grupo.

Há um processo de renovação em curso. Entendo que a comunidade judaica do Recife esteja sintonizada com esse judaísmo que Sorj chama de humanista e que considera como fundamental a valorização do outro, com todas as particularidades dele, sem que elas o tornem menos humano por ter referenciais diversos. Para Sorj, a discussão está ancorada na escolha de qual judeu se quer ser no cenário atual:

> Em geral, trata-se de um judaísmo muito diferente do praticado pelos nossos antepassados, aberto para o mundo, não fundado no medo da perseguição, mas no orgulho de ser parte de uma cultura e de uma história com enormes ativos, que se enriquece no intercâmbio entre *ydn* (judeus) e *goym* (não judeus), em lugar de excluir-se e isolar-se. Como toda identidade cultural, o judaísmo é uma mistura de destino e escolha. Por quase 2 mil anos, as circunstâncias históricas levaram a que ser judeu fosse vivido como um destino. Cada vez mais é uma escolha. Escolha de ser judeu e escolha de como sê-lo. De nascer judeu e querer continuar sendo. De ser judeu e querer que os filhos também o sejam. De não nascer judeu e se dispor a compartir a vida com judeus e ter filhos judeus, ou simplesmente ser judeu por identificação. [...] E, para aqueles que procuram respostas no judaísmo, lembrar que o problema não é o que é ser judeu – já que o judaísmo é múltiplo –, mas escolher o judeu que se quer ser (SORJ, 2010, p. 15-16).

5.2. Religiosidade

Para falar a respeito desta segunda categoria de análise, entendo que, antes, preciso me deter sobre um assunto muito caro às ciências sociais: religião. Do ponto de vista da etimologia, a palavra "religião" vem do latim *religare* e pode significar "unir, atar, ligar", sugerindo uma ligação do homem com o divino, com algo que transcende.

A partir dessa premissa, caberia à religião o papel de mediar essa relação entre homem e divindade, considerando-se as religiões identificadas nas sociedades ocidentais. Nas orientais, é diferente porque não há uma transcendência, Deus está em todos os seres vivos e em tudo o mais.

Ainda sobre a tarefa de definir religião, ela sempre mobilizou os pesquisadores e as definições variaram no tempo e com as correntes às quais estavam ligados. De acordo com Coutinho (2012):

> As múltiplas definições de religião podem dividir-se em dois grupos: substantivas, descritoras do que ela é, da sua essência, das suas crenças e práticas, da experiência do Outro ou do sagrado; funcionais, referentes ao que ela faz, ao seu papel, à sua função social. [...]. Cada definição mesmo

> marcada pelo contexto temporal, social, acadêmico e ideológico do autor, concorre para compreensão da religião (COUTINHO, 2012, p. 75-176).

Entre tantas, a definição proposta pelo sociólogo francês Émile Durkheim costuma ser citada de forma reiterada em diversos estudos e análises. Para ele, foi por meio da religião que a sociedade se formou, que as pessoas se agruparam. Não por acaso, para o autor, o conceito de religião está imbricado com a ideia de coletivo:

> Religião é um sistema solidário de crenças seguintes e de práticas relativas a coisas sagradas, ou seja, separadas, proibidas; crenças e práticas que unem na mesma comunidade moral, chamada igreja, todos os que a ela aderem. O segundo elemento que aparece na nossa definição não é menos essencial que o primeiro; pois, mostrando que a ideia de religião é inseparável da ideia de igreja, faz pressentir que a religião deve ser coisa eminentemente coletiva (DURKHEIM, 2008, p. 79).

Outro sociólogo que também reconheceu a força da coletividade ao buscar definir religião foi o alemão Georg Simmel. Para ele, entretanto, o peso da ação individual é bem maior que o conferido por Durkheim. Ao analisar de que forma Simmel constrói sua ideia de religião, Cipriani nos chama atenção para o fato de que o entendimento simmeliano compreende a religião como um produto cultural resultante, primeiro, de toda uma série de experiências que o indivíduo tem consigo e com o outro, e, depois, do contato delas com o grupo maior e organizado, no caso, a igreja ou outra instituição religiosa (CIPRIANI, 2007).

Ainda de acordo com Simmel (1992, p. 158-245, apud CIPRIANI, 2007, p. 121-122), a religião seria uma criação da religiosidade:

> "Assim como não é o conhecimento que cria a causalidade, e sim a causalidade que cria o conhecimento, não é a religião que cria a religiosidade, mas a religiosidade que cria a religião" (Simmel, 1992, p. 173). Com efeito, podemos notar nos seres humanos uma "determinada disposição de ânimo anterior", um estado em que a pessoa se encontra

> (*Befindlichkeit*), uma orientação religiosa, isto é, uma religiosidade que é a pré-condição para o encontro com a divindade (CIPRIANI, 2007, p. 121-122).

Com base nas ideias de Durkheim (1973, p. 1-28) e de Simmel (1992, p. 58-245) *apud* Cipriani (2007), para efeito de elaboração desta análise, considero religiosidade como sendo um meio e uma pré-disposição do indivíduo para experimentar e vivenciar a religião, aproximando-me das ideias de Simmel, mas sem deixar de lado o conceito de vida religiosa proposto por Durkheim, que, para Cipriani, pode ser "entendida como o complexo das atitudes e dos comportamentos ligados ao experimentar o religioso" (CIPRIANI, 2007, p. 124).

Entendo que essas ideias também se alinham, de certo modo, com a noção de experiência religiosa proposta por Jung, para quem esse tipo de experiência é "algo de absoluto" e que não se pode discutir devido a seu caráter pessoal (JUNG, 1978).

Nas entrevistas realizadas para este trabalho, foi possível identificar traços de religiosidade em todas, mas com diferentes matizes. Nos discursos, é comum encontrarmos relatos parecidos com o de C.J., que, logo no início de suas exposições, informou sua condição:

> Eu sou judia. Não pelo lado religioso, porque eu nunca fui religiosa. Eventualmente, eu frequento a sinagoga em alguma data mais especial, como o *Yom Kipur*, que é o Dia do Perdão, e mesmo assim não acompanho o sentido ritual mesmo, é mais por uma coisa cultural, por saber que é uma data importante (C.J., 2016).

Quando C.J. se refere ao que chama de "sentido ritual mesmo" do Dia do Perdão, ela deixa subentendido que fala do significado sagrado que esse dia carrega para a religião. Além disso, ao dizer que participa das celebrações "por saber que a data é importante", C.J. reitera a importância que os rituais têm na medida em que eles podem criar, reforçar ou refazer laços entre o indivíduo e seu grupo, à luz do que propõe Durkheim (DURKHEIM, 2008).

A participação nos eventos e, especialmente, naqueles considerados mais importantes de acordo com a tradição judaica também é garantida pelos integrantes da família de A.S., embora o caráter religioso do grupo não seja apontado como uma de suas principais características, segundo ela:

> A gente não é uma família religiosa, tradicionalmente religiosa, mas a gente mantém as tradições religiosas. A gente mantém as festividades. O calendário judaico, ele é bem praticado na família, sem essa presença extrema dentro da religião, essa prática muito ortodoxa. Não, de jeito nenhum. A gente trabalha o judaísmo, a gente mantém as tradições judaicas (A.S., 2016).

Repassar seus valores de geração para geração é um dos traços mais marcantes dos judeus no decorrer de sua longa história. Seja através dos textos impressos, seja por meio da oralidade, sobretudo, aquela baseada em exemplos. Essa continuidade é uma das maiores preocupações de B.S. com relação à família. Ela considera um desafio da atualidade burilar a religiosidade entre os mais jovens, incluindo os netos dela.

B.S. lembrou um episódio que ocorreu pouco antes de nosso encontro acontecer. Faltavam alguns dias para o *Pessach*, a Páscoa dos judeus, data muito especial para eles e que possui uma certa liturgia no âmbito de cada família. As práticas acabaram alteradas por minha interlocutora, de modo que ela pudesse contar com a participação dos netos, como explica a seguir:

> Uma coisa que eu cultuo é a tradição. Eu faço isso e procuro ao máximo passar a tradição. Você veja! Agora, vem a Páscoa, que o dia certo é agora na sexta-feira. É o *Sêder*, mas quinta-feira é feriado. Então, meu neto já falou: "Você não vai fazer o *Sêder* na sexta porque eu vou sair com os amigos". A neta também já tem programa. Quando eu vou fazer o *Sêder*, eu faço porque eu gosto, meu marido faz porque gosta, mas eu faço principalmente para transmitir para as gerações subsequentes. Neste caso, se eles não estiverem aqui, eu não tenho vontade de fazer o *Sêder*. Eu quero fazer, mas com eles presentes e preservando a tradição até quando der. Aí, o que foi que eu fiz? Antecipei para o dia 20. Não é *Pessach* ainda, não é Páscoa, mas eu acho

> que "O lá de cima" vai me entender. Eu quero fazer o *Sêder* e eu quero transmitir para os meus netos. Se eu fizer na sexta, eu não vou tê-los aqui. Então, será na quarta-feira anterior. No judaísmo, Deus considera a boa intenção, a intenção honesta, verdadeira. Ele chama *kavaná*[21] (B.S., 2015).

Com base nestes e na maioria dos demais depoimentos, ficou evidente que guardar os dias sagrados e seguir as tradições para o grupo observado têm mais a ver com o viés cultural dentro da vida secular que uma profissão de fé no contexto da religião. Os atos praticados e as experiências compartilhadas reiteram uma memória social que demonstra ser indispensável para que o grupo continue se reconhecendo como tal e, desta forma, possa manter o seu espaço dentro de uma sociedade maior em que ele não faz parte da maioria quando considerado o critério da religião.

Com isso, não quero dizer que não existam indivíduos para os quais a religiosidade não tenha um caráter mais importante, com uma maior valorização dos pormenores da religião. Eles existem, e, dentro deste contexto, percebi que todos estavam ligados de algum modo a instituições de destaque e/ou que eram detentores de alguma relevância maior quando considerada a estrutura da comunidade judaica no Recife, como a sinagoga e a *Chevra Kadisha*.

A vivência da religião em sua plenitude era algo indiscutível para I.E. Para ele, que conduzia os trabalhos em uma sinagoga no Recife e era responsável pelo ritual de purificação dos corpos dos homens antes do sepultamento, não havia outro modo de existir no mundo que não esse, afirmou diversas vezes. A fala dele sempre foi pontuada por citações de passagens extraídas da *Torá*. Narrativas e trechos de Salmos reforçavam o tom de propriedade com o qual tratava de diversos assuntos e que era possível perceber em praticamente tudo que dizia. Em nossos últimos encontros, devido ao tema em torno do qual se desenvolvia a conversa, a morte, I.E. citou várias vezes o Salmo 145 para se referir aos desígnios do Senhor, como no versículo 17, que diz: "Justos são todos os caminhos do

---

[21] *Kavaná* é uma palavra hebraica que significa "direção interior, intenção". (UNTERMAN, 1992).

Eterno e repletos de magnanimidade todos os Seus atos" (SALMOS, 2006, p. 679).

O pensamento de I.E. reflete a importância que a religião tem para muitos judeus, embora em um número cada vez menor, segundo ele. Em outro momento, há alguns anos, em um dos primeiros encontros que tive com I.E. ainda em pesquisas de campo para dissertação de mestrado, ele demonstrou preocupação com o que chamava de enfraquecimento da religiosidade:

> A religião vem perdendo força e, quando isso acontece, as tradições não resistem. Sem a fé e o respeito a um Deus, maior que nós, fica difícil encontrar o sentido de rituais e costumes que, muitas vezes, exigem um certo sacrifício da gente, mas que, mantidos, acabam por formar nossas tradições (I.E., 2016).

Importante observar que essas palavras fazem todo o sentido quando nos detemos sobre o relato de B.S., visto há pouco, a respeito da dificuldade que ela tem para fazer com que seus netos participem das celebrações judaicas. Entendo que, uma vez que eles tão têm uma aproximação maior com os aspectos religiosos, as práticas e costumes ligados à religião vão se tornando vazios de sentido e postos de lado.

Esse distanciamento da religião apontado por alguns interlocutores talvez esteja ligado ao tamanho da comunidade judaica do Recife, que, por ocasião da elaboração deste texto, era composta de, aproximadamente, 1.500 pessoas, de acordo com dados da FIPE. O número reduzido, quando comparado a outros centros no Brasil, pode influir em tudo o que diz respeito ao grupo, desde questões ligadas a ideias, conceitos e crenças a outras de ordem prática do dia a dia. Pelo menos é o que avalia J.P., um dos membros então ligados à presidência da *Chevra Kadisha*:

> A comunidade judaica aqui de Pernambuco, em especial o Recife, quando faz comparações com as comunidades de São Paulo, ou as comunidades de Porto Alegre, ou do Rio de Janeiro, ela é reduzida demais. É muito pequena! Por conta disso, até para as pessoas que trabalham, que participam dentro do

> assunto *Chevra Kadisha*, que é uma parte religiosa, uma parte dentro do cemitério, você não tem muitas pessoas (J.P., 2016).

Independentemente do tamanho da comunidade, é possível observar nela outra situação específica e que tem sido objeto de estudo para muitos pesquisadores. Há pessoas que se declaram seguidoras desta ou daquela fé, mas preferem vivê-la a seu modo por inúmeros motivos: não concordam com tudo o que a religião postula; em comparação a outras religiões, esta é a que mais se aproxima de suas ideias, ainda que não seja exatamente o que buscava; têm algumas limitações de ordem prática que dificultam a vivência plena da religião; entre tantas outras razões que podem ser consideradas.

Um exemplo que pode ajudar a compreender melhor esse raciocínio é dado por A.S. ao descrever a singularidade de sua relação com o judaísmo e com Deus:

> A minha conexão com Deus é muito grande e eu tenho minha maneira de me conectar com Ele. Eu não preciso estar numa sinagoga, ou participando de uma missa de 7º dia, ou ter que entrar num templo. Eu não tenho essa necessidade física de estar em algum lugar que represente uma religião qualquer para me conectar. Não! Dentro do judaísmo, eu não preciso estar numa sinagoga para entrar em contato com deus. Minha relação com Ele é em qualquer lugar. Basta eu me concentrar e pedir, agradecer, entrar nesse movimento de oração e calmaria mesmo (A.S., 2016).

As palavras de A.S. nos sugerem uma forma específica de se relacionar com o sagrado, que prescinde da religião para acessá-lo, ou não prescinde, mas abre mão em certa medida, o que não chega a ser o caso dela. Entretanto, é clara a valorização do indivíduo em detrimento da religião nesse tipo de aproximação. Falo de espiritualidade, que, segundo Coutinho:

> Consiste numa relação pessoal, individual com o sagrado em si ou fora de si, imanente ou transcendente, enquanto na religião a ligação ao sagrado realiza-se por práticas institucionalizadas. Na espiritualidade subjetiva, tendo o sujeito como centro da

> busca e da experiência, tenta aprofundar-se a relação do indivíduo consigo mesmo, para se conhecer melhor, se aperfeiçoar ou desenvolver as suas capacidades. Na espiritualidade objetiva, o sujeito ruma a algo considerado por si superior, tendo em vista relacionar-se e colher benefícios desta fonte. A espiritualidade, reflexo do atual individualismo exacerbado, centra o indivíduo como sujeito e como objeto. Como objeto, o indivíduo precisa do Outro para avançar; como sujeito, basta-se a si próprio para crescer (COUTINHO, 2012, p. 182).

Há ainda outras duas situações para as quais não encontrei ocorrência entre meus interlocutores, mas que julgo pertinente abordar aqui pelo que carregam de particular. Uma delas trata do judeu que segue outra religião.

Tomei conhecimento desta realidade por meio da literatura consultada para este trabalho. Kogan, ao analisar estudos norte-americanos, aborda o caso de *Surya Das* que, se chamava *Jeffrey Miller*. A mudança de nome ocorreu quando ele se tornou um Lama tibetano, o primeiro judeu a passar por essa experiência. De acordo com a autora, apesar do vasto conhecimento que possuía sobre as duas religiões, o budismo e o judaísmo, Surya/Jeffrey optou por não se tornar rabino, mas um Lama, sem com isso deixar de ser judeu:

> Jeffrey fez *bar-mitzvá* e se afirma judeu. O Lama conta que há muitas questões que ligam o judaísmo ao budismo – ambas religiões enfatizam o questionamento, o ceticismo intelectual, o debate e o diálogo. Jeffrey também menciona em uma entrevista de 2014 outros fatores que conectam as duas religiões – ambas têm quantidades mínimas de dogmas, além de uma tradição oral rica e um senso de humor irônico (KOGAN, 2016, p. 25).

A partir do que apresenta a autora, que também informa que Surya/Jeffrey é filho de mãe judia, observar-se então um indivíduo que se reconhece judeu por laços de parentesco, por afinidades com a cultura judaica e com a religião judaísmo, porém vive sua religiosidade em um universo distinto com o qual também se identifica, o budismo.

A segunda situação que quero problematizar aqui é fruto de informações dadas pelos informantes sobre alguns parentes. Chamou-me atenção um detalhe que, até então, passava despercebido. Entre aqueles que lidavam com a religião de alguma forma, fosse ela qual fosse, havia os judeus que não lidavam com ela de modo algum porque eram ateus. Nem acreditavam em Deus nem davam maior importância à religião.

A princípio, a ideia pode parecer estranha se considerarmos que para muita gente o judaísmo é unicamente uma religião, sem todas as nuances e particularidades que dominam a discussão sobre o tema na contemporaneidade, mas não. Mais comum do que se possa imaginar, o judeu ateu reflete alguns dos questionamentos de seu tempo. Alguns derivados das dúvidas que o judaísmo religião não responde, ou não responde o suficiente; outros, ligados à própria existência de Deus.

A respeito da pergunta "É possível ser agnóstico ou ateu ao mesmo tempo em que se é judeu?", o sociólogo Sorj diz o seguinte:

> Esta pergunta, que ouço repetidamente, supõe que o judaísmo se reduz a uma religião. Explico então que o judaísmo inclui uma tradição religiosa com uma diversidade de correntes, mas que a partir do início dos tempos modernos ele se diversificou, criando versões seculares ou mesmo militantemente ateias que o transformaram em algo que certos autores designaram como uma tradição cultural nacional e, outros, uma civilização (SORJ, 2001, p. 33).

Os estudos mais recentes, como o do próprio Sorj, sobre o tema encontram amparo nas palavras dos interlocutores que ajudam a construir essa tese. Vejamos o que disse C.J. a respeito de sua família:

> Então, assim: pai e mãe judeus. Meu pai vem de uma família na qual o meu avô não era um homem religioso ortodoxo, mas praticava a religião: ia à sinagoga, frequentava os ritos, escrevia bem as rezas. Já meu avô por parte de mãe era um judeu ateu (C.J., 2016).

A referência ao judeu ateu também foi feita por F.S. quando ela descreveu os pais e avós:

> Meus pais, na época era União Soviética, eles tinham a nacionalidade russa. Nasceram na Ucrânia, que hoje é um país independente, coitados, ao lado da Rússia. Sofrem! A minha avó paterna era religiosa e obrigava os filhos a seguirem a religião e tudo isso. Meu pai era comunista e sempre foi contra, era ateu e tudo. Então, ele era revoltado contra essas tradições que eram imposições da mãe, minha avó. A família da minha mãe: eles não eram religiosos assim, ortodoxos, mas obedeciam a Páscoa, não comem pão fermentado, se segue toda uma série de tradições porque essa cultura judaica é religiosa, mas tem muitos aspectos da vida normal, como em toda religião. Então, seguiam as imposições dietéticas e outras coisas deste gênero na família de minha mãe, mas com um pensamento mais liberal (F.S., 2016).

Ao refletir sobre o judeu ateu, Sorj (2001) nos chama atenção para um aspecto importante de um judaísmo secular: o fato de o ateísmo representar parte de algo maior. No caso, a tradição. E não só a tradição judaica, mas também a cristã e muçulmana. Nas três tradições, esse ateísmo poderia representar a possibilidade de relações mais maleáveis e humanas, sendo elas mais importantes do que a religião de cada um.

Faz-se necessário atualizar algumas premissas a partir do entendimento de Sorj:

> A história mostrou que o ateísmo pode ser tão inquisitorial e intolerante como a religião, e que, portanto, o que está em jogo não são as crenças de cada um sobre as dimensões transcendentais da vida, mas a capacidade de aceitar o diferente e de respeitar a diversidade dentro de instituições democráticas que assegurem um espaço comum de convivência e comunicação. Reconstruir o judaísmo secular hoje implica retornar sobre os passos e caminhos obscurecidos e reprimidos pelo velho ateísmo, entender com que deus estávamos discutindo, com que expectativas (frustradas) de redenção estávamos lidando, que passado desejávamos enterrar e que riquezas de nossa tradição, em nossa precipitação, deixamos de lado. Um

> retorno que permita repisar velhas pegadas sem abdicar de manter a cabeça aberta aos ares do mundo (SORJ, 2001, p. 34).

Entender como os judeus se relacionam com a religião – os seculares, os mais religiosos e os ateus – viabiliza o processo de compreensão do que significa a morte para eles e o que ela suscita no grupo observado. Trata-se de um processo que é pessoal, mas também coletivo, como nos lembram os teóricos que participaram desse diálogo até aqui. Às ideias apresentadas por eles, acho pertinente somar o que diz Geertz, que, ao pensar a religião como um sistema cultural, em seu livro *A interpretação das culturas* (2008), considera a religiosidade como sendo uma espécie de motivação. Nas palavras de Geertz:

> A motivação é uma tendência persistente, uma inclinação crônica para executar certos tipos de atos e experimentar certas espécies de sentimento em determinadas situações, e essas "espécies". [...]. Os motivos não são, portanto, nem atos (isto é, comportamentos intencionais), nem sentimentos, mas inclinações para executar determinados tipos de atos ou ter determinados tipos de sentimentos. Assim, quando dizemos que um homem é religioso, ou seja, motivado pela religião, isso é pelo menos parte – embora apenas uma parte – do que desejamos dizer. Outra parte do que queremos dizer é que ele, quando estimulado de maneira adequada, tem uma susceptibilidade a certas disposições, disposições que às vezes englobamos sob rubricas tais como "reverente", "solene" ou "devoto". Todavia, tais rubricas gerais na verdade encobrem a enorme variedade empírica das disposições envolvidas e tendem a assimilá-las aos tons muito graves da maior parte de nossa própria vida religiosa (GEERTZ, 2008, p. 71).

Uma vida religiosa que, cada vez mais, precisa dialogar com o indivíduo para que possa continuar sendo uma expressão coletiva.

5.3. Medo

A morte, sem qualquer dúvida, é o fio que une todo esse tecido. Por ela, passam os questionamentos e as respostas. As dúvidas, as reflexões, as especulações. É o possível. Quando se trata deste assunto, não há certezas porque, como bem disse o interlocutor, I.E., "ninguém escreveu, ninguém falou a respeito depois da morte".

Antes que ela chegue, entretanto, podemos buscar compreendê-la, de diferentes formas, a partir da observação cuidadosa da experiência do outro, nesse caso, de nossos interlocutores judeus. Na fala deles, é recorrente o uso da palavra medo. Ela surge em situações diversas, sempre associada à morte, e por essa razão será mais uma categoria de análise neste trabalho.

Antes, porém, de falar sobre o que disseram os informantes ouvidos para este estudo, algumas breves palavras sobre o medo. Ele tem sido um companheiro constante dos judeus no transcorrer de sua longa história em função das diversas experiências vividas. Diásporas, perseguições, holocausto, guerras. Um permanente estado de alerta até os dias de hoje. Seja do ponto de vista macro, como as tensas relações mantidas entre Israel e países vizinhos; seja do ponto de vista micro, dentro de pequenos universos, como o que abarca o garoto judeu de 8 anos agredido fisicamente, no mês de janeiro de 2018, em um subúrbio de Paris, França, porque usava uma quipá, de acordo com as notícias divulgadas nos veículos nacional e internacional[22].

Entretanto, o medo não é exclusivo dos judeus, é universal. Mais que isso. "O medo é um sentimento conhecido de toda criatura viva" (BAUMAN, 2008, p. 9). É condição de todo animal, que pressente o perigo, que se sente ameaçado ainda que, muitas vezes, não saiba identificar a origem da ameaça, incluindo o homem.

Tema recorrente em várias áreas do conhecimento, como a biologia e a psicologia, o medo tem sido objeto de estudo também nas ciências sociais. Quero citar três exemplos de produções desenvolvidas em disciplinas afins escolhidos devido à riqueza de elementos que oferecem. Em um deles, *Estilos de vida e individualidade – Escritos em Antropologia e Sociologia das Emoções* (Koury, 2014), o medo é abordado por Mauro Koury dentro de vários contextos. O medo enquanto uma cultura criada e reificada entre os jovens

[22] Disponível em: https://g1.globo.com/mundo/noticia/franca-investiga-agressao-antissemita-contra-menino-de-8-anos.ghtml. Acesso em: 20 dez. 2023.

brasileiros, o medo e sua ligação estreita com a violência registrada em cidades do Brasil e o medo como elemento fundamental na construção de sociabilidades na contemporaneidade.

Medo e sociabilidade voltam a ser objeto de estudo por Koury em 2016, com o trabalho *Medo, medos corriqueiros, risco e sociabilidade*, apresentado durante a 30ª Reunião Brasileira de Antropologia. Koury propõe uma reflexão sobre a influência do medo, e a forma como ele é elaborado, na vida do homem urbano e comum. Para o autor, o medo é determinante nas experiências cotidianas do indivíduo, interferindo no modo como vive e se relaciona com o outro:

> O medo é uma emoção constituída no interior das relações sociais. O medo é compreendido como uma emoção significativa para o entendimento e análise das formações societárias. [...] O medo faz parte da experiência humana, enquanto categoria social que lida com o processo de criação, com modos de conhecimento de si próprio e do outro relacional. Processos e modos que permitem a construção social não apenas enquanto projeção, mas como uma construção objetiva de realidades possíveis (KOURY, 2016, p. 2-3).

O terceiro exemplo nos é dado por Cláudia Rezende e Maria Coelho. Em *Antropologia das Emoções* (2010), as autoras não só oferecem um panorama breve, porém rico, sobre o surgimento da disciplina a partir de colaborações valiosas dadas por Émile Durkheim, Georg Simmel, Catherine Lutz, Gilberto Velho e Roberto DaMatta, entre outros, como analisam a natureza das emoções. Biológica ou cultural? Social ou individual? Nessa obra, o medo também é analisado por Rezende e Coelho, que recorrem a ele e outros sentimentos bem conhecidos do homem, como o ciúme e a raiva, na construção de suas ideias:

> Portanto, as emoções, embora situadas no corpo, têm com este uma relação que é permeada sempre por significados culturalmente e historicamente construídos. A visão de que as emoções são fenômenos universalmente compartilhados, posto que fruto de uma unidade biológica e psicológica do ser humano, é problematizada pelas ciências sociais (REZENDE; COELHO, 2010, p. 33).

De acordo com os autores citados há pouco, Koury (2016), Rezende e Coelho (2010), o medo está ligado de maneira indiscutível ao corpo, é um sentimento, mas não só. É de natureza biológica, mas também cultural. Implica em questões que dizem respeito unicamente ao indivíduo, mas também ao grupo social no qual está inserido. Para alcançar o objetivo desse estudo, interessa-me analisar os medos que inquietam o grupo: medo da morte de uma pessoa querida ou importante por alguma razão específica, o medo do sofrimento no processo de morrer e o medo da morte, sobre o qual falo primeiro.

Ouvir o que os interlocutores tinham a dizer a respeito do medo da morte talvez tenha sido um dos momentos de maior expectativa para mim ao longo do trabalho. Em parte, devido à curiosidade sobre o ponto de vista de cada um deles. E também por considerar que o conteúdo poderia constituir um aspecto indispensável no processo de compreensão do todo almejado para construção dessa reflexão.

Quando perguntados se tinham ou não medo da morte, todos responderam do mesmo modo: "Não, não tenho". As respostas me surpreenderam. Primeiro, eu não acreditava que elas seriam todas iguais, raras vezes vi isso acontecer. Depois, porque, ao contrário do que eu imaginava, tomando como base minhas experiências de trabalho e de vida em um sentido mais amplo, esperava que a morte assustasse pelo menos uma parte do grupo, o que não ocorreu. Os judeus entrevistados, fossem ou não religiosos, disseram não ter medo da morte e, a seu modo, cada um explicou o que sentia em relação ao fato. É o que mostro a seguir.

Começo por I.E., que era responsável pelo ritual de purificação dos corpos antes do sepultamento, como dito anteriormente e reiterado aqui para facilitar a compreensão das palavras dele. De forma simples e até bem racionalista, disse que não havia como ele temer a morte:

> Desde 1975, eu trabalho com os mortos. Minha função na cidade é cuidar dos mortos. Cuidar dos mortos quer dizer preparar eles. Assim como eles nascem, têm que ir para o túmulo. [...] Eu tenho 81 anos e já estive em duas guerras. Vi soldados mortos na minha frente. Carreguei etc. etc. Não se pode contar. Guerra em Israel. Era a Guerra da Independência, em 1948, e a

> segunda em 1967, Guerra do Sinai[23]. Junto comigo, um soldado levou rajada na barriga. Não dá para descrever o tipo de morte! Mas é assim mesmo, é assim mesmo. (I.E., 2016).

Outro que não teme a morte é B.B., por motivos diferentes. Não foi à guerra, mas presidiu a *Chevra Kadisha* do Recife por muitos anos. A morte era algo com o qual tinha que lidar diariamente. Entretanto, quando ainda morava com os pais, não era um assunto abordado em casa:

> Quando morria alguém, aí sim, o assunto vinha e se falava com naturalidade, mas, na casa de meus pais, não se parava para falar sobre isso. [...] Eu vejo a morte com muita tranquilidade. Tranquilo mesmo. Acho que chegou a hora da pessoa e eu respeito perfeitamente. Acho normal, normalíssimo. Eu não sinto absolutamente nada com a morte. Não me assusta, a mim não (B.B., 2016).

O interlocutor B.B. contou ainda que era bem diferente do pai, que, certa vez, fugiu do hospital onde estava internado porque, tendo medo de morrer, achou que algo poderia lhe acontecer lá:

> Aquele tinha medo de morrer! Tinha muito medo de morrer! Quando chegava perto da data de aniversário dele, ele sempre ficava: será que eu chego lá?! Será que eu chego? Era mesmo e ele morreu com 87 anos. (B.B., 2015).

A informante B.S. não tinha medo da morte. Ela acreditava que morrer faz parte do ciclo da vida, sem maiores dramas, dentro de um processo natural e comum a todo ser vivo:

> A morte para mim é um dos passos da vida, um dos passos da vida. A gente, quando nasce, a gente tem um caminho a

[23] A Guerra do Sinai citada por I.E. é a Guerra dos Seis Dias, conhecida também por outros nomes como Guerra de 1967, Terceira Guerra Árabe-Israelense e Guerra de Junho de 1967. Convém lembrar que o embate aconteceu pouco antes do aniversário de 20 anos de criação do Estado de Israel.

> cumprir, um desenvolvimento e, no fim, culmina com a morte. Eu boto em linha reta. Não acho que o nascimento é mais importante, que a vida é o mais importante, eu acho que é uma sequência de fatos que constituem a vida. (B.S., 2015).

O entendimento da morte como um evento natural inserido em um ciclo maior é observado também nas palavras de J.P., apesar da dor eventual que as perdas de entes queridos possam ter provocado:

> Não acho que a morte é nada tão trágico. É sentido, é triste, a pessoa que se vai, as pessoas que ficam. Naturalmente, há uma interrupção do contato físico, mas nunca me esquivei de falar sobre a morte. Eu nunca evitei a palavra "morte". Não! Eu encaro com bastante naturalidade. Tive na minha passagem pessoal, realmente, um momento muito doloroso para mim quando perdi minha esposa, ela perder a vida, mas encaro como tendo sido o que tinha de ser, aconteceu. [...] A morte não me assusta. Honestamente, não. Só vou lamentar por eventuais tempos perdidos, mas não me assusta, não. Não tenho temor, tenho respeito (J.P., 2016).

Julgo importante abordar o depoimento de mais uma interlocutora devido ao modo um tanto particular de ela ver a morte. Neste caso, apesar de não a temer, S.A. entende que a morte não é apenas física e inerente à matéria:

> Por isso que eu digo, a morte e a vida são uma coisa só. Não separa. [...] Porque várias coisas na vida da gente são mortes! A gente vive várias mortes durante nossa vida. Não só de pessoas. Assim eu enxergo porque ela está dentro. A morte faz parte da vida. [...] A vida é perfeita. A morte dentro da vida, ela é perfeita (S.A., 2016).

Partindo dessa perspectiva para uma mais filosófica, e que transcende, a morte deixaria de ser um evento único para cada pessoa, que poderia experimentá-lo mais de uma vez. Ao se colocar dessa maneira, S.A. não se afasta dos demais entrevistados. Nas entrelinhas das palavras dela, também é possível identificar a naturalidade com que percebe a morte inserida na existência de qualquer indivíduo, como o fizeram os demais informantes. Por meio da escuta deles, percebo que essa ausência de medo da morte traz um rebatimento do que dizem a *Torá* e a tradição judaica e se alinha também com o discurso de alguns filósofos gregos da Antiguidade. Epicuro, por exemplo, acreditava que não havia qualquer motivo que justificasse o temor da morte porque ela "para nós não é nada, visto que todo bem e todo mal residem nas sensações, e a morte é justamente a privação de sensações" (EPICURO, 2002, p. 27).

Encarar a morte como um acontecimento natural não significa apatia por parte de quem quer que seja. Os sentimentos inerentes ao evento estão todos postos, inquietantes, fortes, presentes, quase tangíveis. De acordo com os entrevistados, há dor, tristeza, angústia, saudade e, de novo, o medo. Se a morte em si mesma não os assusta, como um fim de si próprio, o medo de perder alguma pessoa querida ou, ainda que não haja afeição, que seja importante de um certo modo está sempre à espreita.

É importante registrar aqui que a possibilidade de perder alguém considerado próximo é citada reiteradamente pelos interlocutores. Ora, ao longo das conversas informais que sempre antecediam ou ocorriam após as entrevistas, ora durante esses períodos em que os diálogos eram gravados. A seguir, cito algumas passagens que foram gravadas:

> Só penso na morte eventualmente. Penso mais sobre os entes que já morreram ou o medo que eu tenho de perder meus filhos, o que, que para mim, seria a pior coisa do mundo (C.J., 2016).

> Eu me sinto comovido demais e não quero ficar sentindo muito isso. Eu já sei que daqui a pouco vou sofrer mais. Eu ainda tenho meus quatro avós, tenho meus pais, meus parentes mais velhos do que eu e que, se for seguir a trajetória da vida normal, eu vou ter que, infelizmente, enterrar eles no caso. Eu sei que poderia ser uma preparação, teria que ser mais forte com relação a isso, mas eu tento evitar por enquanto. Por enquanto (D.S., 2016).

> Cada vez que eu ia a um enterro, meu pensamento era um só: como eu vou suportar a morte de meus pais? (B.S., 2015).

O medo dos informantes de perder um ente querido, um companheiro-na-vida, é um medo construído ao longo do tempo, baseado em experiências próprias e/ou de outras pessoas que narraram o processo particular vivenciado, na maioria das vezes, marcado por dor, muitas dúvidas e um profundo vazio deixado após a partida.

Esse medo é constante, não dá trégua. Quando muito, arrefece para depois ressurgir ainda mais forte sem que alguém próximo esteja doente ou em um quadro de morte próxima. É um medo que existe somente, sem uma razão minimamente lógica que o justifique de maneira imediata. Neste caso, o medo se assemelha ao que Bauman chama de medo de segundo grau, ou medo derivado, ou medo secundário, um sentimento que surge no lastro da memória, individual ou coletiva, e é modificado pelo grupo ao qual a pessoa que teme está ligada. De acordo com Bauman, trata-se de:

> Um medo, por assim dizer, social e culturalmente "reciclado". [...] O medo secundário pode ser visto como um rastro de uma experiência passada de enfrentamento de ameaça direta – um resquício que sobrevive ao encontro e se torna um fator importante na modelagem da conduta humana mesmo que não haja mais uma ameaça direta à vida e à integridade. O "medo derivado" é uma estrutura mental estável que pode ser mais bem descrita como o sentimento de ser suscetível ao perigo; uma sensação de insegurança (o mundo está cheio de perigos que podem se abater sobre nós a qualquer momento com algum ou nenhum aviso) e vulnerabilidade (no caso de o perigo se concretizar, haverá pouca ou nenhuma chance de fugir ou de se defender com sucesso; o pressuposto da vulnerabilidade aos perigos depende mais da falta de confiança nas defesas disponíveis do que no volume ou da natureza das ameaças reais) (BAUMAN, 2008, p. 9).

Essa sensação de insegurança e vulnerabilidade, nos termos propostos por Bauman, pode ser motivada pela possibilidade da morte de pessoas próximas e queridas, vista pelos interlocutores como um perigo que pode se abater com ou sem aviso sobre eles e contra o qual dificilmente poderiam se defender ou mesmo escapar. Daí o medo permanente de perdê-las.

Agora, discorro sobre outro medo que aflige o grupo observado, considerando-se a frequência com que o assunto é abordado. Trata-se do caminho que leva à morte e o tanto que ele pode ser penoso. Seja a morte de si próprio ou a de pessoas de seu círculo mais próximo. Inquieta a todos que falaram a respeito dessa questão a possibilidade de uma doença, não importa qual, que implique em algum tipo de sofrimento, físico, psíquico ou ambos. É o caso de C.J., que ao ser questionada se tinha medo da morte, respondeu, entre outras coisas, o seguinte:

> Tenho mais medo de sofrer em si. Por exemplo, se eu sofresse muito com uma doença que me impedisse de fazer alguma coisa. A morte não iria me impedir de fazer alguma coisa porque eu já estaria morta, entendeu? (C.J., 2016).

Dos demais informantes que compartilham com C.J. ideia semelhante, F.B. é quem dá um dos depoimentos mais fortes. Ela acompanhou a morte de alguns tios, do marido e dos pais. Todos enfrentaram sérios problemas de saúde, a exemplo da mãe dela, que morreu de câncer aos 42 anos de idade. A possibilidade de passar por algo semelhante é algo assustador para F.B.:

> Na minha idade, aos 77 anos, quando a gente vê assim, uma amiga que está começando a ficar esquecida, quando a gente vê, como eu vi, meu pai ter *Alzheimer*, não me reconhecer e perguntar para mim: "Quando é que F. chega?". Ele sabia que tinha uma F., mas não me identificava. Ou como eu vi meu marido com *Parkinson*, lúcido e cada vez mais diminuído. Primeiro, treme. Depois, tem dificuldade para andar. Depois, já não anda. Depois, já não fala, e você olha nos olhos dele e sabe que a pessoa está lúcida. Então, eu tenho muito mais medo disso do que de morrer. Então, gostaria muito de morrer de repente. E quando converso com minhas amigas, amigas da mesma faixa etária, eu vejo que é muito mais medo de uma doença degenerativa, por exemplo, em que você vai diminuindo a cada dia, do que morrer. Morrer é uma libertação (F.B., 2016).

No meu entendimento, temer o sofrimento no processo de morrer, seu ou do outro, e a perda de entes importantes e queridos não anula esse outro aspecto marcante dos judeus entrevistados: a aceitação da morte dentro de uma perspectiva mais racional.

A forma com a qual eles falam sobre a morte pode ser compreendida como reflexo de uma herança cultural e religiosa. Religiosa porque, ainda que pese o viés da secularidade presente no modo de viver da maioria dos entrevistados, é possível reconhecer na fala deles os preceitos e valores existentes na *Torá*, sagrada para os judeus.

Logo em seu primeiro livro, Gênesis, a morte nos é apresentada. A princípio, como um castigo pela desobediência do homem, que, até então, era imortal e habitante eterno de um mundo ideal. De acordo com a mitologia judaica, a falta custou caro aos humanos, que foram banidos do Paraíso e obrigados a trabalhar para comer, proteger-se e lutar pela sobrevivência em um cenário não muito amistoso. Dentro desse novo contexto, a morte surge como destino comum a todos da espécie. Não havia, como ainda não há, como escapar dele. Ao longo de toda a *Torá*, não faltam narrativas sobre a morte, considerando-se as mais variadas circunstâncias, algumas já descritas no capítulo anterior. Resultado: ela passou a ser encarada pelos judeus como aquilo que é: um processo natural constitutivo da existência de todo ser vivo.

Em toda a história dos judeus, a *Torá* norteou o comportamento e os valores judaicos. Quem, o quê, como, quando e onde sempre foram definidos por ela. Com o passar do tempo e devido a episódios tão marcantes quanto recorrentes, a exemplo de perseguições e migrações, a tradição oral dos judeus tornou-se cada vez mais rica e valorizada, constituindo-se um forte elo entre eles. O compartilhamento desse repertório e seu permanente repasse para as gerações seguintes acabaram por cristalizar a forma como o grupo se relaciona com a morte, dentro de uma vivência que é, simultaneamente, cultural e religiosa.

5.4. Transformação

Nos longos encontros que tive com meus interlocutores, em alguns casos, mais de uma vez, observei que a palavra "transformação" também surgiu com uma frequência incomum em meio a tantas outras. Quando não, era a palavra "mudança". Entretanto, o sentido para o uso de ambas costumava ser o mesmo: de movimento, de saída de um ponto para outro diferente. Por essa razão, as transformações, ou mudanças, também constituem outra categoria de análise neste trabalho enquanto associadas, de algum modo, à morte. Elas podem ter um caráter coletivo ou individual, pelo qual começo.

A transformação de cada um nem sempre segue caminhos iguais a de outras pessoas. A seguir, apresento quatro situações distintas e escolhidas porque ilustram os contextos que identifiquei nas falas.

Para alguns interlocutores, a morte é um agente de mudança, mexendo com a personalidade do indivíduo, como diz F.B., que amadureceu ainda muito cedo após a morte precoce da mãe:

> A morte me tornou adulta antes do tempo. [...] Meu pai ia trabalhar e havia uma criança para criar. Não que eu tenha assim nenhuma queixa, nenhum trauma. Eu fui para faculdade, eu fiz tudo que eu devia fazer, mas sempre esse sentimento de que eu tinha responsabilidades. Isso, realmente, eu acho que mudou. Quando eu olho as adolescentes de minha idade, então com 17 anos, que a preocupação era que vestido ia botar na festa, que penteado vai fazer, cadê o namorado que ainda não apareceu? Então, eu amadureci precocemente. [...] Entretanto, é tudo diferente. Foi diferente porque o sentimento que você tem com relação a sua mãe não é o mesmo que você tem com relação ao tio, mesmo que seja muito querido. É diferente e, além do mais, é uma coisa você perder a mãe aos 17 anos e perder o tio quando você tem vinte e poucos anos. Você sente, você sofre e não tem como. Cada morte é uma morte e causa um impacto diferente na sua vida (F.B., 2016).

Uma outra forma de transformação associada à morte tem a ver com o tempo, com aquilo que ele acaba por provocar nas pessoas que perderam alguém em um dado momento da vida. B.S. explica como o tempo mudou a forma como ela se relaciona com a morte:

> Eu acho que isso é uma consequência natural da passagem, do distanciamento do fato em si. Agora mesmo, eu fui escovar meus dentes e minha mãe era acostumada aos tubos de pasta de dente feitos de chumbo porque, antigamente, eles eram de chumbo. Hoje, eles são plásticos. Às vezes, você aperta e têm

> uns espaços vazios. É um "*Cadish*", uma lembrança. Ela sempre falava desses tubos. É uma besteira, mas você lembra. Todo tempo, eu estou lembrada deles (B.S., 2015).

No caso de A.S., percebe-se a mudança pela forma como ela lida com a morte, que não é mais a mesma porque, entre outras razões, essa mudança foi desejada. Segundo a interlocutora, devido à idade e a busca de conhecimento não só no judaísmo, mas também em outras religiões:

> Como eu pensava a morte antes, era um temor. Um misto de temor porque a gente não concebe nem se aprofunda muito no assunto, não procura se informar também o que é que uma religião diz. Eu sou eclética, eu sou muito ecumênica, vamos dizer assim. Eu gosto de saber um pouco o que cada religião diz a respeito da morte e também porque eu tenho, de um lado, uma família cristã e, de outro, uma família judia. Então, dentro desse conceito do que cada religião diz, eu me interesso. A mim me interessa saber o que o espiritismo diz sobre a morte. O que diz o candomblé sobre a morte? O que diz o budismo sobre a morte? Eu tenho lido muito (A.S., 2016).

A quarta situação também enseja a transformação, mais especificamente, a ausência dela. Pelo menos dois interlocutores disseram que neles nenhuma transformação ocorreu que pudesse ser associada à morte. Para B.B., apesar de tê-la sentido, a perda dos pais em nada mudou suas crenças e modo de ser. Segundo ele, o que fez depois, em ambos os casos, foi em consideração ao modo como viviam os pais:

> As perdas que eu tive não me transformaram, não sinto mudança nenhuma. Só que eu não era religioso, mas para meu pai, para minha mãe, eu cumpri rigorosamente o que manda o figurino religioso. Acho que eles gostavam (B.B., 2015).

Citarei o exemplo de um deles, J.P., porque havia perdido a esposa recentemente, se considerada a época em que a entrevista foi feita. Ele lembra das mortes da esposa e do pai como dois episódios muito dolorosos, mas que não implicaram em qualquer mudança em seu comportamento ou nos conceitos relacionados à vida e à morte:

> Dez anos após a morte do meu pai, morreu minha esposa. Uma década depois, minha forma de lidar com a morte não mudou. [...] É absolutamente a mesma, absolutamente a mesma. Eu tenho minha memória e ela continua sendo rigorosamente preservada de todos os meus anos vividos. Minha memória é intocável e continuo tocando a vida para frente com os mesmos pensamentos, até porque sou um homem, por princípio, um excelente otimista. Eu sou otimista em todos os sentidos (J.P., 2016).

As mudanças individuais não são as únicas percebidas pelos interlocutores que também apontam uma transformação no âmbito coletivo. Neste caso, elas estão sempre ligadas a elementos culturais e da tradição judaica. São práticas e modos de fazer que, com o passar do tempo, começaram a ser questionados e até mesmo modificados. Presidente da *Chevra Kadisha* do Recife por 30 anos, posto que já não ocupa mais, B.B. elenca dois costumes que, segundo ele, evidenciam que a comunidade judaica recifense não é mais a mesma de décadas atrás:

> Ao longo destes meus 85 anos, eu vi mudar o jeito como a comunidade judaica lida com a morte. [...] Uma vez me explicaram que, antigamente, quando morria uma pessoa, se rasgavam as vestes de desespero pela morte. Hoje, quando morre uma pessoa, se dá um corte na camisa que os filhos estão usando para dizer que estão de luto. [...] Outra coisa que mudou ao longo desses 30 anos à frente da *Chevra Kadisha*: você sabe que depois que falece, durante sete dias, há reza na casa da pessoa. Antigamente, e fora isso, o filho, ou o pai, ia para a sinagoga religiosamente todo dia às cinco horas da manhã e todo dia às cinco horas da tarde. Todos os dias, chovesse ou não chovesse, ele estava lá, fazendo a reza. Sempre o homem. A mulher não vai normalmente. E, também, na casa do morto, se fazia a reza. E, hoje em dia, dificilmente, você consegue juntar dez pessoas. Atualmente, se paga a uma pessoa para rezar durante o ano pela alma dele ou dela (B.B., 2015).

Alguns informantes disseram que tentam ao máximo seguir as tradições, mas admitem que nem sempre é possível dar conta de tudo. Neste caso, tudo significa muito. Os rituais próprios da morte, do sepultamento e do luto no judaísmo constituem um repertório rico e cheio de particularidades, como já foi apresentado no capítulo 1 deste livro. Chama atenção que até aqueles que se consideram menos religiosos buscam não se afastar tanto dos padrões estabelecidos, a exemplo de F.B.:

> Veja! A gente tenta seguir o máximo que pode. [...] Mas pelo menos meus mortos foram enterrados com a mortalha. Os judeus fazem uma espécie de vestimenta que se é costurada sem nós. Eles foram enterrados assim e enterrados em cemitérios judaicos. Eu passei muitos anos trabalhando para angariar fundos para a gente construir o cemitério do Curado porque o do Barro lá não dava mais, a prefeitura doou o outro terreno e eu queria muito que tivesse um outro cemitério judaico para quando chegasse a minha vez (F.B., 2016).

Houve um relato também bastante interessante de outra interlocutora. Ela não se considera religiosa, mas admite que faz um esforço para manter as tradições, tanto é que resolveu fazer uma espécie de enterro simbólico de alguns parentes distantes que morreram em campos de concentração mantidos pelos nazistas no século passado. Para C.J., era algo como uma lacuna vazia que foi preenchida e passou a ter grande significado:

> O que foi que eu fiz? Eu peguei as fotos que eram da minha família dos anos 20, de uma família morta e de uma família que não teve lápide. A família de minha avó já estava aqui no Brasil junto com a irmã, mas toda a família dela sucumbiu lá no Holocausto. Eram fotos muito bonitas, dos anos 20. Então, eu, meu irmão e minha prima resolvemos que nós íamos para a Polônia visitar os lugares onde eles moraram e que ainda estavam de pé e eu resolvi levar na minha bagagem essas fotos. Levei e fiz vários rituais lá. Levei para a sinagoga, para a casa onde eles moraram, para que tivessem contato, botei nos trens, assim, porque os trens são muito emblemáticos da Segunda

> Guerra, e isso que eu te falei: eu realizei um enterro no cemitério de Cracóvia, nevado. Eu coloquei as fotos dos meus bisavós, eu botei na pedra e, à minha maneira, porque eu não sei rezar o *Cadish*, eu imaginei alguma coisa como se aquele fosse um enterro simbólico[24] (C.J., 2016).

Ainda a respeito das transformações, em uma outra pesquisa que fiz sobre os costumes e tradições ligados à morte no judaísmo, em Pernambuco, constatei que as mudanças ocorreram e continuam ocorrendo porque a sociedade é dinâmica, intercambia experiências com outros grupos e se adequa a seu tempo e a seu espaço.

Essa leitura, de 2012, permanece atual e dialoga com este trabalho ora apresentado, no qual os informantes apontam que a transformação é um processo ainda em curso. Para alguns deles, a mudança precisa alcançar todos os aspectos da vida da comunidade judaica, como disse B.B.:

> Eu acho que é preciso atualizar tudo. O que está nos escritos bíblicos também. O que foi escrito em outro tempo, em outra sociedade. Eu acho que precisam ser atualizados porque são coisas que a gente não entende como foi feito aquilo, como faziam aquilo. Muita coisa que eu acho que, realmente, não há razão de ser. Inclusive aquilo que se relaciona à morte. Acho esse negócio de ficar sentado sete dias no chão e não poder sentar numa poltrona, tem que ser no chão, acho que isso não tem cabimento nos dias de hoje. Tem gente que é religiosa e faz. Como tem gente que é religiosa e não come carne de porco de jeito nenhum (B.B., 2015).

Entretanto, nem todos têm as mesmas impressões. Para um dos entrevistados, atual presidente da *Chevra Kadisha*, o tempo tem passado sem que ele note qualquer alteração na comunidade judaica do Recife. Sobre possíveis transformações, incluindo a de si mesmo, J.P. afirma:

---

[24] Posteriormente, as fotos feitas por C.J. fizeram parte de uma exposição chamada Memorabilia, que esteve em cartaz no Museu Sinagoga *Kahal Zur* Israel, no Recife.

> Não percebi mudanças entre os judeus com os quais convivi de maneira mais próxima. Não vi diferença. Eu acho que os rituais, os procedimentos não se alteraram. Pelo menos na minha maneira de ver as coisas, não é? Continuam a mesma coisa, o procedimento, o tratamento. O respeito é o mesmo. Não vi, nesse meio tempo, nenhuma alteração. Não percebi (J.P., 2016).

Na contramão de J.P., sou levado a compartilhar das ideias dos demais informantes que percebem as transformações, individuais ou coletivas, ocorridas ou em curso dentro da comunidade judaica observada. Entendo que elas interferem, mas também refletem o modo como os judeus do Recife lidam com si, o outro, a morte, o sentimento de perda e a dor que ela provoca.

Essa dor não corresponde a uma dor necessariamente física, que foi estudada minunciosamente por Le Breton (2013). Entretanto, as análises feitas por ele facilitam a compreensão dessa expressão do corpo que é também uma expressão coletiva e oferece um caminho para se entender as mudanças que se dão a partir da morte do outro. A dor, segundo Le Breton, tem usos sociais identificáveis de um lado a outro do mundo. Ela pode ter por finalidade educar, impor sofrimento a alguém, legitimar ritos de passagem, fazer um tipo específico de oferenda ou mesmo demonstrar a fé, o que não se aplica aos judeus, para os quais a busca e a aceitação da dor e do sofrimento não simbolizam demonstração de devoção.

Consideradas as possíveis transformações ocorridas no indivíduo após a morte de um ente querido, entendo que elas aconteçam a partir da dor provocada por esta perda, uma dor que não é apenas física e alcança outros planos. Dor que é geradora de mudanças, conforme afirma Le Breton:

> Por ser extirpação de si, perturbação da quietude em que se arraigava o antigo sentimento de identidade, a dor sofrida é antropologicamente um princípio radical de metamorfose. [...] Ela é um instrumento de conhecimento, uma maneira de pensar o limite de si e de ampliar o conhecimento dos outros (LE BRETON, 2013, p. 220).

5.5. Pós-morte

Pós-morte é a expressão que entendo como capaz de transmitir o sentido do conjunto formado por algumas ideias que me foram apresentadas pelos informantes e que serão discutidas aqui. O que as une é o fato de que todas dizem respeito ao que vem depois da morte. Tratam-se de modos diversos de compreender e/ou supor aquilo que está para além dela. Daí eu ter considerado o pós-morte como mais uma, e última, categoria de análise para este trabalho.

Talvez pela contínua falta de uma resposta que acabe com esta antiga dúvida, a humanidade siga se perguntando: o que há depois da morte? Na verdade, não existe um, mas vários questionamentos. A morte é de fato o fim? Morreu, acabou tudo? Há vida depois da morte? Vamos reencontrar aqueles que amamos e com os quais vivemos um dia?

Estas são interrogações que também inquietam meus informantes, a exemplo de D.S., o mais jovem do grupo. Para ele, faltam muitas respostas:

> Eu tenho essa curiosidade que é de o que acontece quando a gente fecha o olho? Quando acaba nossa vida agora. A gente vai para onde? Será que a gente vai continuar pensando? Vai continuar sofrendo? Vai continuar tendo sentimento mesmo depois sem viver o dia a dia? (D.S., 2016).

Entre tantas questões postas pelos informantes e que cabem dentro da ideia de pós-morte, vou abordar as que foram mais citadas durante as entrevistas: a morte como fim ou etapa, a continuidade ou não do indivíduo depois da morte e o destino dele, para os que acreditam nesse prosseguimento como uma outra forma de vida.

Quando pensamos a morte como um evento que marca o fim da vida para a pessoa, de modo absoluto, sem que exista nada depois, seja de que ordem for, é possível interpretar que apenas dois, considerando-se o número total de informantes, podem comungar com a ideia. Na prática, um não formulou uma consideração específica sobre o assunto, posicionando-se de modo bastante vago. O outro afirmou que a morte encerra tudo. Segundo I.E., que se apoia em diversas passagens bíblicas, como Salmos, não há depois:

> No dia de sua morte, acabaram-se seus desígnios. Ou pensamentos, ou qualquer outra coisa. No dia de fechar os olhos, perdeu tudo. Não tem mais nada. O que vier a acontecer depois, só Deus sabe. [...] Todos aqueles que escreveram após morte, é tudo fantasia, é conversa, é comércio. Ninguém, ninguém, ninguém sabe a respeito após a morte. Não tem. Não tem livro que indique o que acontece depois, depois da morte (I.E., 2016).

A grande maioria dos entrevistados, entretanto, disse que não acredita que a morte seja o fim de tudo. Que não exista mais nada depois. A afirmação foi feita de várias formas. A seguir, cito duas que ilustram a fala dos demais e que trazem elementos que nos convidam a uma reflexão posterior. Primeiro, B.S., em seguida, A.S.:

> O judaísmo não encara a morte como um fim. O corpo fica na Terra e a alma sobe para o Criador. A ascensão não é direta. Ela vai subindo e tem como se fossem estágios. Quando você comemora o primeiro *yortsait*, que é aniversário de falecimento, considera-se que a alma se elevou mais um degrau no sentido do Criador (B.S., 2015).

> Se eu acredito que tudo se encerra com a morte? Não, não acredito, não. Acredito que tem algo paralelo que a gente tem que esperar. É esse o grande mistério, não é? O que vem depois. Que vem, vem. Mas o que vem depois a gente vai ter que ter paciência para esperar. Eu sempre volto na palavra "fé" porque quando a gente abraça uma pessoa que perdeu um ente querido, você diz assim: "Tenha fé, porque um dia a gente vai se encontrar" (A.S., 2016).

Em ambos os casos, as interlocutoras não fazem qualquer menção explícita ao modo como elaboraram o pensamento. Não dizem se foi baseado na *Torá* ou em qualquer outra fonte. Entretanto, é possível identificar elementos considerados caros para o judaísmo enquanto religião.

No momento em que A.S. conforta alguém que acaba de perder um ente querido, pedindo que esta pessoa "tenha fé, porque um dia a gente vai se encontrar", ela supõe um novo encontro que deverá ocorrer em um outro tempo, que não hoje e depois da morte de si mesma e/ou do interlocutor dela, em um outro espaço, que não o mundo atual.

Esse encontro só seria possível se admitidas as ideias de reencarnação e/ou ressurreição, ambas aceitas pelo judaísmo. É possível identificar a noção de ressurreição, ainda que de forma subjacente, no livro de Isaías (Isaías, 26:20), que diz:

> Mas reviverão teus mortos. Os cadáveres de meu povo voltarão a se erguer. Despertai e cantai, ó vós que estais no pó, porque sobre vós cai o orvalho da luz. E a terra fará reviver as sombras (ISAÍAS, 2016, p. 416).

No que se refere à afirmação de B.S., "o corpo fica na Terra e a alma sobe para o Criador", ela nos transmite a noção de retorno. Considerando-se que o Criador é o ponto de partida e se algo, no caso a alma, sobe, volta para Ele, fica subjacente nessa noção. Ela sugere continuidade, movimento, vida em última instância. De novo, as ideias de ressurreição e reencarnação, bem como de imortalidade da alma, todas admitidas pela religião judaica, como dito anteriormente. Para o rabino Isaac Luria, a alma é imortal e seu aperfeiçoamento depende do processo de reencarnação sucessivo até que todas as falhas sejam corrigidas.

Ainda de acordo com Luria, é possível identificar um forte caráter social em sua teoria. Segundo ele, é preciso que cada indivíduo tenha consciência da importância desse refinamento individual porque dele depende a evolução coletiva, resultando no desaparecimento da morte:

> A explicação disso é a seguinte: enquanto o corpo não consegue completar o seu *Ticun*[25], para a alma, é uma perda de tempo e até um risco continuar a viver nele, pois o corpo não somente deixa de fazer bem a ela, como ainda pode fazer mal por seus pecados. Nesse caso, a morte liberta a alma desse

[25] *Ticun* significa correção e se refere ao processo de "conserto" pelo qual a alma deve passar durante a encarnação.

> risco e oferece outra oportunidade para reencarnar em um corpo novo. Portanto, quando todas as almas completarem o *Ticun* delas, o processo de morrer não será mais necessário (LURIA, 2016, p. 113).

Acreditar que a alma retorna para o Criador e que as criaturas voltarão a se encontrar reforça a crença que os entrevistados têm a respeito do pós-morte: a permanência do indivíduo face à morte. Eles podem não ter certeza ou uma única opinião no que tange à ressurreição e à reencarnação, mas todos estão convencidos de que há algo não material que sobrevive à falência do corpo e que eles chamam de alma. Também nesta perspectiva, os interlocutores deixam subjacente o quanto esta certeza carrega do que apreenderam da religião da qual se declaram seguidores.

E ainda para quem considera que a morte encerra tudo, a existência da alma é uma verdade. Na voz de I.E., ela ganha força:

> Muita gente aqui me pergunta aonde que vai a alma? Aonde é que vai a alma? O corpo pertence à Terra, a respiração pertence a Deus, *rúach* – sopro, respiração, ânimo – e *nechamá*, o espírito, é a alma que sobe, para cima. Ninguém sabe aonde é que ela sobe. [...] Comparo o homem a uma vela. Uma vela tem três coisas também. Tem a cera, o pavio e qual é a terceira coisa? A chama. Isso aí é a comparação de por que a gente acende uma vela quando o sujeito morre. Essa vela simboliza o corpo do homem. Você acende a vela, o homem nasce. A vela vai desgastando, desgastando, desgastando, desgastando. O homem vai vivendo, vivendo, vivendo, vivendo. Quando a vela se acaba, o homem morre. O que é que sobrou? Não sobrou cera. Não sobrou pavio. A chama não tem, acabou, mas houve a fumaça. Que sobe. Para onde? Se alguém me disser aonde que ela vai, essa fumaça, eu dou minha cara para bater. É a mesma coisa a alma da gente. Ela sobe. Para onde? Deus sabe. Ninguém mais sabe. Essa é a comparação que eu faço hoje. Não tem explicação. Para onde é que sobe? Sobe para o espaço, esse espaço que nós chamamos de *Ein Sof*. *Ein Sof* significa "infinito". Pronto. A vida do morto não se pode saber, não (I.E., 2016).

Não se pode saber, mas se imagina, se especula. A vida do morto é mistério que mobiliza alguns entrevistados, que se perguntam sobre essa possível existência. Esses não só acreditam na alma, enquanto o indivíduo que continua a existir, como consideram possível a comunicação entre eles e a alma, o morto. Este contato, entretanto, eles fazem questão de ressaltar, não se dá nos princípios que postula o espiritismo, religião e doutrina que admite as faculdades de ver, ouvir e falar com os mortos do mesmo modo como acontece com os vivos, também chamados de encarnados pelos espíritas. No judaísmo, essa comunicação entre os habitantes desses dois mundos, o dos vivos e o dos mortos, se dá pela oração, pelo pensamento, pela intenção.

Por estas vias é que C.J. tenta acessar aqueles que tiveram e continuam tendo um papel especial na vida dela:

> Não sei qual, mas eu tenho um misticismo que me faz crer inclusive em algumas comunicações com esses entes meus que já morreram. Alguns sinais que, às vezes, eu atribuo a esses entes que já morreram. Eu acho que é uma conexão, que a coisa não termina aqui (C.J., 2016).

Também é aos parentes e às pessoas queridas que já morreram que F.B. recorre quando se sente mais fragilizada por alguma razão:

> Eu, quando vou ao cemitério, que eu vou ao túmulo da minha mãe, do meu pai, meu marido, do meu sogro, eu tenho a sensação de que estou próxima a eles de alguma maneira. Que não é um monte de ossos que existe ali, não. Que tem mais alguma coisa. E eu sei que quando estou assim muito, muito angustiada, é como se eu pedisse para eles me ajudarem (F.B., 2016).

Quero fazer o registro de um caso interessante a respeito da comunicação com os mortos e que ocorreu quando eu ainda realizava meu trabalho de campo para o mestrado. Naquela época, dois interlocutores que cuidavam da purificação dos corpos para o posterior sepultamento, na comunidade judaica do Recife, um dos quais também é meu informante neste trabalho atual, disseram-me que se comunicavam com os mortos e que eles respondiam às perguntas feitas por meio de sinais corporais enquanto a *Tahará* acontecia:

> Cada movimento, cada tarefa executada só é feita depois de um pedido de permissão àquele que morreu, ainda que se saiba que não haverá uma resposta verbal. Verbal porque há outras respostas, segundo eles. Para Bender e Essoudry, através do corpo, os mortos falam. Exprimem sua alegria ou descontentamento. A ausência ou excesso de rigidez muscular, facilitando ou não a lavagem de purificação, poderiam ser citados como exemplo (PINHEIRO, 2012, p. 46).

Ao admitirem a possibilidade de comunicação com aqueles que já morreram, os interlocutores ratificam a existência deles. Logo, estão em algum lugar. Mas onde? Os entrevistados divergem sobre qual seria esse lugar. Mais uma vez, as ideias estão ligadas ao que diz a religião de alguma maneira.

O judaísmo admite alguns destinos, dependendo da forma como cada um viveu neste mundo. Segundo Pecha, o futuro de cada um é definido em um julgamento:

> Quando se encerra o julgamento, é decretado se a pessoa irá ao Paraíso, ao Inferno, ao Purgatório ou a reencarnar novamente na forma de um mineral, vegetal, animal ou ser humano – de acordo com a gravidade de seus atos (PECHA, 2015, p. 54).

B.S. acredita que existe um lugar especial para quem soube conduzir a vida de acordo com os preceitos judaicos:

> Eu acho que existe lá um céu ou um inferno, não sei como, não sei descrever, mas eu acho que alguma coisa continua porque, muitas vezes, uma pessoa é má. A gente conhece: têm pessoas boas, têm pessoas más (B.S., 2015).

A existência de um céu e de um inferno não convence F.B., para quem nem tudo que é dito na *Torá* corresponde a uma verdade absoluta:

> Eu não sei. Esta história de céu e inferno, Deus barbudo que está lá em cima, castigando as pessoas porque pecaram ou não sei o quê, não acredito nisso (F.B., 2016).

Nem céu nem inferno. D.S. também não crê nesse mundo por vir dividido. Para ele, o pós-morte é uma incógnita. Sem opinião formada, admite situações que se aproximam das ideias de ressurreição e reencarnação. Considera que o pós-morte depende do processo de sofisticação da alma a partir de seus retornos a esse plano, mas pondera que também pode compreender dois tempos subsequentes. Um primeiro que é de espera, a expectativa pela chegada de um Messias que há de vir para ressuscitar os mortos, lembrando que diferentes correntes no judaísmo consideram a natureza de quem será ressuscitado, se justo ou não. E um segundo momento, a vida eterna, se para glória ou vergonha, é outra questão:

> A religiosidade dos judeus acredita que os mortos voltariam com a volta do Messias. É o que diz a Bíblia. Hoje em dia, outras correntes já pensam que a questão de sua alma voltar ou não está mais ligada ao que você faz no dia a dia, durante sua vida, o amor praticado, a bondade. Acredito que, se fosse, também seria por esse lado, não pela volta do Messias. Seria por conta do seu dia a dia aqui, o que você fez durante a vida. Eu também não tenho certeza se teria essa volta, não é? (D.S., 2016).

Esta última fala acompanha o que pude perceber das demais: não há questões fechadas para os interlocutores ouvidos neste trabalho. As convicções a respeito daquilo que não pode nem nunca poderá ser narrado é uma construção pautada em critérios diversos que passam pela experiência mais ampla e particular do indivíduo. Ainda mais num campo como este, se levamos em conta o que disse, certa vez, Nélida Piñon em entrevista[26] durante o Programa *Roda Viva*, da TV Cultura: "Não dizemos tudo nem para nós mesmos, que dirá para o outro".

---

[26] Entrevista concedida em 1997.

5.6. Eu já pensei muito na morte – Depoimento 07

D.S.
Estudante
Entrevista realizada em 2016

"Eu já pensei muito na morte."

Apesar de não ser praticante, assíduo, religioso, eu me considero judeu por conta de minha família, da minha cultura. Sempre estudei no Colégio Israelita, até a 8ª série no caso, que foi quando eu fui meio que obrigado a sair porque não tinha mais continuação no colégio. Os hábitos que eu tenho e que eu recebi de meus avós, de meus pais, sempre foram em relação à religião judaica. Então, eu me considero judeu, minha mãe é judia convertida. Teoricamente, no período mais antigo, que é o período que os rabinos ortodoxos não reconheciam as mães convertidas como judias mesmo, mas, hoje em dia, já tem uma maior liberação com relação a isso. Meu pai é filho de mãe judia e minha mãe converteu-se quando casou com meu pai, antes de ficar grávida de mim, então, eu teoricamente nasci de um ventre judeu, não é? Eu me considero judeu e vou continuar sendo judeu para sempre.

Eu já pensei muito na morte, na verdade, em vários sentidos. Não só no judaísmo. Eu fico um pouco receoso ou curioso, não sei qual é a palavra certa. Eu não imagino a morte, eu não sei como ela é, eu não tenho muita explicação em relação a ela. Com relação ao judaísmo, como o judaísmo trata, têm vários costumes, desde rezas, hábitos durante a morte, tratar o cadáver, o enterro. No que se refere à religião, eu acredito mais naquela parte da vida além da morte que os judeus acreditam. Não como os espíritas, que podem ver o espírito do morto, mas a volta do morto depois do retorno do Messias, como acreditam os judeus. Então, há uma vida além. Não necessariamente que a pessoa retorne ao corpo carnal, não é? Mas eu creio que não se acaba aqui. Eu acho que tem alguma coisa além. E isso é o que desperta minha curiosidade porque eu não acredito que a gente só morra e acabou. Eu tenho essa curiosidade que é de: o que acontece quando a gente fecha o olho? Quando acaba nossa vida agora. A gente vai para onde? Será que a gente vai continuar pensando?

Vai continuar sofrendo? Vai continuar tendo sentimento mesmo depois sem viver no dia a dia? Essa é minha curiosidade.

Em casa, não discutimos esse assunto. Agora, eu já tive mais debates com amigos meus até. Alguns têm o mesmo pensamento que eu. Outros acreditam que morreu, acabou. São mais drásticos. Há amigos meus que são espíritas, claro, e acreditam que você vê espírito, a alma do morto em outros lugares, que você pode entrar em outro corpo carnal, em outra vida totalmente diferente da sua, mas em casa eu não discuto muito. Nunca discuti muito com minha família essa questão, não. É uma curiosidade que eu guardo até para mim mesmo. Fico tentando pensar em mim. Leio, de vez em quando, algumas coisas, mas não é um hábito muito frequente não porque é uma coisa que ao mesmo tempo que eu tenho curiosidade também me toca um pouco porque eu não sou muito interessado nessa questão de morte, de enterro. Eu falo que sou curioso, mas não busco tanto. Pelo menos por enquanto.

Enterros que vi e presenciei, fui para dois. Um judaico e outro católico. O judaico foi de minha tia-avó que eu tinha uma certa ligação, mas não era tão íntimo. Eu também era mais novo, tinha por volta dos 15 anos quando ela morreu, ou alguma coisa assim. E foi até interessante porque eu pude ver um pouco da tradição que o judaísmo tem no aspecto do enterro e dos hábitos dos familiares mais próximos do morto. Então, foi interessante porque eu pude ver, pelo menos uma única vez, e ter a noção de como é um enterro judaico. O outro foi de um amigo meu, católico, que morreu no ano passado, logo depois do carnaval, e me tocou bastante porque foi uma coisa que eu acompanhei já mais experiente, com mais idade, com mais noção das coisas. Foi triste. Muito por conta desse enterro que eu fui que eu sou assim meio anticerimônias com relação à morte, de ir a cemitérios, essas coisas. Uma coisa que eu não gosto muito por causa disso.

Comparando as duas religiões, quando lembro desses dois casos, é totalmente diferente. Questões de hábitos. É totalmente diferente. Acho que a única coisa que vai coincidir aí é a questão do sentimento dos familiares, dos amigos, dos parentes que é a questão da tristeza, mas a questão de hábitos é totalmente diferente. Enquanto no católico você deixa o corpo lá, exposto, aberto, no judaico, o caixão é fechado, todo preto, simples. E estava lendo até um documento e ele diz que a questão do enterro judaico é a simplicidade. Eles tratam a simplicidade sempre. Ou seja, o caixão é preto, sem muitas decorações, não é costume nem mandar coroa de flores. Hoje, por ser mais comuns os casamentos mistos entre judeus e católicos, já estão aceitando mais essa questão das flores, mas é uma coisa muito simples para poder manter a igualdade social. Dentro da religião católica, não. Tem gente que já produz mais, veste o morto com uma roupa bonita, maquia, deixa lá exposto no velório. A gente não tem esse velório. A gente tem o ritual de o morto ser preparado, lavado, no caso, por uma pessoa específica que já tem essa função e, de lá, já sai dentro do caixão fechado. Então, os dois são fortes em questão de sentimento, mas, culturalmente falando, acredito que o enterro judaico é mais pesado, mais forte porque tem mais hábitos que o enterro cristão, católico.

Recentemente, um pai de um amigo meu, judeu também, faleceu, mas não cheguei a ir para o enterro justamente porque eu já evito. Não faz nem um mês que ele morreu, mas é uma coisa que eu já evito. Tirando esses três, nenhum. Não se trata de nenhuma superstição. Eu é que não me sinto confortável, sabe? Não é nem pelo corpo ali em si. É pelo que os outros estão sentindo, aquele sentimento de tristeza. Eu me sinto comovido demais e não quero ficar sentindo muito isso. Eu já sei que daqui a pouco vou sofrer mais. Eu ainda tenho meus quatro avós, tenho meus pais, meus parentes mais velhos do que eu que, se for seguir a trajetória da vida normal, eu vou ter que, infelizmente, enterrar eles, no caso. Eu sei que poderia ser uma preparação, teria que ser mais forte com relação a isso, mas eu tento evitar por enquanto. Por enquanto.

A religiosidade dos judeus acredita que os mortos voltariam com a volta do Messias. É o que diz a Bíblia. Hoje em dia, outras correntes já pensam que a questão de sua alma voltar ou não está mais ligada ao que você faz no dia a dia, durante sua vida, o amor praticado, a bondade. Acredito que, se fosse, também seria por esse lado, não por conta da volta do Messias. Seria por conta do seu dia a dia aqui, o que você fez durante sua vida. Eu também não tenho certeza se teria essa volta, não é?

O que me deixa meio curioso é: onde é que eu fico até lá? Até esse dia, se vai ter essa volta ou não, onde é que eu vou estar? Esse intervalo pode durar milênios, dois anos ou dois dias. Não sei quando vai ser nem onde vou estar, mas isso é o que me deixa curioso e não tenho como encontrar a resposta porque só quem poderia me responder isso é quem já morreu e quem já morreu não tem como falar com a gente.

A morte me inquieta um pouco. Por essa questão de você estar vivendo, construindo sua vida, e pode ser que amanhã eu não esteja mais aqui, entendeu? Você lutar tanto, batalhar, ter tantas preocupações, viver tantos estresses, tantas alegrias também, fazer tantas amizades, construir uma vida toda para, no final, acabou! Acabou tudo e aí? Por isso que volta aquela minha curiosidade: por que a gente faz isso tudo para, no final, não ter um motivo? Isso é o que me deixa intrigado. Acho que tem que ter uma explicaçãozinha, não sei como vai ser solucionado isso aí, não. Porque tem que ter uma explicação lá na frente. Mesmo que seja depois que a gente morrer, a gente vai encontrá-la.

5.7. Ao contrário – Depoimento 08

S.A.
Farmacêutica
Entrevista realizada em 2016

"Para mim, a morte é como um parto normal ao contrário."

Nós somos sete irmãos. Eu sou a terceira de sete. Minha mãe é judia. Meu pai não era judeu, era cristão católico. Nós fomos criados numa comunidade maior. Nós crescemos sabendo que éramos judeus, mas éramos criados como católicos. Nunca houve um questionamento do que é ser judeu, porque isso já é uma coisa de segunda geração. O que aconteceu na família é que, bem tempos depois, depois do falecimento de minha avó, houve uma identificação judaica e começou um processo individual de cada um dos filhos dentro da família de ir buscar essa identidade judaica. No meu caso específico, aos 45 anos de idade.

Entre nós irmãos, todos se reconhecem como judeus, mas a prática judaica ou a tradição judaica de crescimento de berço, ela não existiu para praticamente nenhum de nós. Então, a busca é individual. Um individual que se torna coletivo porque, hoje, na outra geração, já têm meus filhos, meus sobrinhos, enfim, mas é um processo individual de cada um porque vem de um casamento assimilado. Só que a leitura que eu faço hoje daqui para lá é que nós vivemos numa comunidade ocidental que é muito mais, a comunidade maior que nós vivemos ela é cristã. No Brasil, mais especificamente, talvez, mais católica. Não sei dizer. Então, essa identificação que você traz desde pequeno é tudo assim, é tudo igual, é tudo a mesma coisa, você não diferencia aquilo ao longo do seu caminho.

Partindo do coletivo, eu sou judia, eu sempre soube que era judia, e sou judia porque minha mãe era judia, minha avó era judia, meus bisavós, meus tataravós, toda minha família matrilinear é de judeu. São judeus, mas não fui criada como judia. Então, essa criação, eu estou sendo criada num ambiente cristão, maior, da comunidade maior, e de uma comunidade menor que não era a que eu convivia tradicionalmente. Esse meu processo aconteceu, dessa identificação, dessa chama, aos 45 anos de idade. Aí eu entendi, aí eu senti, aí eu passei por todo o processo que eu chamo de perda. Aliás, perda não. Você deixa para trás e segue seu caminho e entra numa paz, numa tranquilidade, num reconhecimento. Agora, eu sou eu. É um processo. É um processo que, às vezes, a gente até pergunta: meu Deus, o que fizeram comigo? Por que fizeram isso comigo?

Hoje, as minhas práticas são todas judaicas. *Shabat*, frequento a sinagoga, eu me conectei com o Estado de Israel, tenho uma filha que mora em Israel já. Porque uma coisa sou eu e outra coisa são os meus filhos, porque já é outra geração. Eu tenho três filhos. São judeus. A minha história se repete com meus filhos, só que agora com uma situação diferente porque eu encontrei a minha identidade. Então, a partir do momento que eu encontrei essa minha identidade, é como se os filhos fossem buscando a deles com mais facilidade do que eu tive porque eles já convivem dentro da comunidade. Fez "*aliá*" (imigração para Israel) e está lá já.

Dentro dessa construção e dessa reidentificação com o judaísmo, a minha relação com a morte é o que eu chamo de tranquila no sentido de minha, interior. Eu lido com a morte como eu lido com a vida. Ela fazendo parte da vida. Agora, isso racionalmente falando, mas sentimentalmente, o rito de passagem, pelo que eu vivi de morte, que aqui eu cito muito meu pai e minha mãe, para mim, individualmente, foi muito... eu não sei a palavra... eu não sei se é sereno, tranquilo, porque eu acho que nenhuma dessas palavras cabe. É a certeza e o sentimento de que eles foram para um nível acima. Essa alma, efetivamente, subiu. Ela está realmente, pelas figuras que meu pai e minha mãe foram, elevadas. Elevadas ao Criador, que isso é o mais importante. Mesmo meu pai não sendo judeu, essa certeza foi muito forte também e minha mãe também, com certeza.

A primeira vez que senti muito a perda de alguém foi a de uma amiga minha que era como uma amiga-irmã. Eu tinha meus 16 anos e ela tinha 19. Eu fui fazer um intercâmbio nos Estados Unidos e, eu lá, essa minha amiga sofreu um acidente aqui no Recife, passou quatro meses em coma e veio a falecer. Eu só soube desse falecimento dela quando eu voltei. Ou seja, passou o tempo que eu fiquei fora do Brasil, não foi me dito que ela tinha falecido. Naquele tempo, eu tinha 16 anos, primeiro que para mim esta pessoa estava viva. Quando eu voltei e que eu soube, eu chorei muito, senti, senti muito, muito, muito, muito, muito, mas ficou como se eu tivesse guardado, fez parte de mim, essa pessoa passou a ser um pedaço de mim fisicamente. É como se alguma característica dela eu tivesse adquirido e assim ficou. E assim eu segui a minha vida. Sentir. Sentir a pessoa que foi. Eu sinto e guardo.

Depois, me marcou uma pessoa que eu tive, um companheiro, uma pessoa que eu acompanhei até... que esteve doente, teve toda uma assistência, mas que, no final, ele sucumbiu. Digamos que eu acompanhei esse período do morrer dele e, talvez, porque eu vivi tudo isso, eu vivi a tentativa da vida, até chegar a morte, então foi muito forte. Foi uma perda e essa eu senti muito, muito, muito, o sentimento foi muito triste. Muito triste. E fiz todo um, vamos dizer assim, um acompanhamento pós-morte para, como se fosse assim, materializar esta morte. O acompanhamento foi desde um acompanhamento psicológico, vamos dizer assim, até... quando a pessoa casa ela não tem um álbum de casamento? Então, quando você perde uma pessoa, eu criei um álbum, não mórbido, mas da vida com aquela pessoa até... peguei coisas da vida dessa pessoa, momentos, e fiz um álbum. Materializei. Porque eu acho que a vida, e isso o judaísmo ensina, muitas coisas que a gente sente ou que a gente quer ou que a gente pensa, a gente tem que levar à ação. A ação é importante.

Então eu acredito que tanto no nascimento quanto na morte a gente tem que ter ação. Ação para o bem! Não coisas mórbidas.

Não é isso porque, se você deixar, o ser humano tem uma capacidade de adoecer muito fácil. Psiquicamente falando. Talvez por causa de nossas emoções. Eu acho que a gente deve, sempre na prática, materializar algo que te faz mal ou que você sofre, você materializa para o bem. Se algo que te faz mal e te faz sofrer, você materializa para o mal, tu vais fazer coisa muito ruim. E nós temos capacidade de fazer coisas muito ruins, o ser humano tem. Já fez! E a gente está vendo fazer.

Neste caso, eu já tinha 40 anos. Nesse intervalo de tempo, dos 16 para os 40 anos, mudou a forma como eu passei a entender a morte. Mudou, mudou, mudou com certeza. Mudou na minha cronologia, não é? Nas fases da vida, momentos. Aqui, eu estou pré-adolescente/adolescente, jovem. Aqui, eu já estou uma pessoa que se separou, tem uma família, quer dizer, vai um novo relacionamento e tem uma perda grande. Ou seja, um relacionamento que não chegou a acontecer. Quer dizer, aquilo que iria acontecer não chegou a acontecer, mas que teve um impacto muito forte e que eu me recuperei, assim, plenamente. E, depois dessa recuperação, vamos dizer assim, ou durante, eu encontrei a minha identidade judaica e aí eu não posso dizer que resolvi todos os meus problemas, mas eu vou dizer que (sorri) quando você encontra o seu, não só personalidade, eu tenho personalidade, tenho família, eu tenho isso e tenho aquilo, mas a minha identidade, eu não sabia o que era. Não que eu não tivesse! Veja só! É como se fosse assim: olha, tu tens um tesouro na tua mão e tu não sabes que tens o tesouro. Entendeu? Que é a *Torá*!

Então é como: como que me tiraram isso? Que é que fizeram comigo? Eu não vou ser revoltada para trás, eu não vou questionar aqui se minha avó, se minha mãe, se meu pai, não vou questionar ninguém. Não é isso. Mas como vou lidar com isso para seguir adiante? Porque várias coisas na vida da gente são mortes! A gente vive várias mortes durante a nossa vida. Não só de pessoas. Assim eu enxergo. Porque ela está dentro. A morte faz parte da vida. Talvez, a gente, às vezes, tenda a ver só o lado mórbido, mas se a gente ver o processo do nascer – porque você tem uma concepção, você tem um fazer, você tem um processo até o nascer, o momento do nascimento – a morte também tem isso, o desligamento dessa alma desse corpo, ela tem também, não é a concepção, mas o desfazer dessa concepção, o desfazer até chegar a esse parto que é a morte! Mas a vida como um todo se a gente considerar, ela é muito sagrada, ela é perfeita. A vida é perfeita! A morte dentro da vida ela é perfeita.

Nós somos criaturas criadas com essa perfeição divina. Nós temos a nossa partícula divina. O problema é que eu não vou entrar nessa concepção humana (conceito), mas nós temos uma partícula divina e nós somos seres humanos com falhas, com falhas! E temos o livre-arbítrio que diferencia a gente dos outros animais. Só que o livre-arbítrio foi dado para você escolher o bem, não o mal. Então, a morte está nesse contexto para mim, de vida.

Lembro que teve uma passagem entre essa minha amiga e essa pessoa, esse companheiro, teve a morte da minha avó. Minha avó materna que na realidade ali foi um ponto onde no dia, a minha avó casou com meu avô, que não era judeu. Então, eu estou falando que minha avó, há cem anos, casou com um não judeu. Ela não quebrou, vamos dizer assim, só a tradição, ela assumiu uma outra – também não posso chamar de identidade porque ela não deixou de ser judia – mas, ao casar com meu avô, quem veio depois, os filhos, passou a ser criado dentro do catolicismo. Não que vivessem em igreja, não é isso. Mas a comunidade maior era a católica, então os rituais, as festas, era tudo da comunidade maior. Então, essa identidade ela quebrou ali.

Quando minha avó morreu, foi enterrada em um cemitério israelita e isso trouxe, para mim trouxe, um certo entendimento, materializou o caminho para onde nós estamos indo. Minha avó foi enterrada em cemitério judaico, o do Barro. Então, ali, talvez, tenha sido o primeiro impacto em relação à morte e ao local. E aí vem uma interrogação. Mas por que? Porque é diferente. Só que meu avô estava vivo. Depois que meu avô morreu, ele foi enterrado no Cemitério de Santo Amaro. Então, eles se separaram na fisicalidade, ou seja, ficou claro que havia, eram duas identidades diferentes. Só que uma identidade a gente sabia, e a outra? Que é exatamente o que eu sou. Por que eu não sabia? Por que não foi me dado? Enfim, esses questionamentos vieram ao longo do tempo, mas a morte da minha avó, e eu era muito apegada à minha avó e, de novo, eu estava com ela muito próxima no morrer, na hospitalização, como eu estive com esse companheiro que morreu, como eu tive com minha mãe, como eu tive com meu pai.

Para minha avó, todos os ritos foram judaicos, todos, todos! Não tem como não ser. Fez o banho, fez tudo. Só que assim: a gente nunca tinha participado disso, entende? É minha avó! É minha avó! Minha vida que está ali. Aquilo tudo e foi tudo muito próximo da gente, de mim, não vou falar no coletivo, estava muito próximo de mim, ficaram algumas interrogações. E assim a vida vai acontecendo porque nós temos ritos de passagem, não é? Nós nascemos, nós morremos. Por isso que eu digo, a morte e a vida são uma coisa só. Não separa. Até porque se a gente fala em ritos, o que é que acontece? É que, e tanto é que depois que minha avó morreu, depois que minha mãe morreu, principalmente minha mãe, nós continuamos fazendo os ritos. Quando chega o momento, quatro vezes por ano, se diz a oração para lembrança, o *Yizcor*. Lembrar, lembrar quem já morreu. Uma vez por ano, ela faz o aniversário – *Iortsait*. Quatro vezes por ano, durante as festas de peregrinação, a gente lê também uma reza para o pai, para a mãe que faleceu.

Essa lembrança, ela vem acompanhada de ações, de doações, a gente dá a *tsedacá*, a gente oferece um *kidush* na sinagoga, a gente lê o *Cadish* para elas e entendendo que a elevação da alma acontece. Você não esquece porque o nome já diz *Yizcor*, lembrar, fazendo uma ação que dá regozijo a quem está aqui, dá a sensação "que bom que eu estou fazendo isso". Estou fazendo isso por mim, por nós e por outros. Você sempre colhe coisas boas, mesmo depois que a pessoa foi embora.

Em 2011, quando minha mãe morreu, eu já não era a mesma. Mudei totalmente. Eu vou dizer por que totalmente. Porque tanto do lado ritual, meu companheiro havia pedido para ser cremado e eu fiz tudo. Quando ele faleceu, ele estava no Rio Grande do Sul, e a família, a ex-mulher e filhas moravam no Maranhão. Já a mãe (dele) morava em São Paulo. Eu fiz tudo o que ele me pediu: para deixar as cinzas em tal canto, em tal canto, em tal canto. Eu vivi um processo extremamente... não é doloroso, mas dificílimo. E levei isso por Curitiba, São Paulo, Recife até chegar ao Maranhão e deixei lá finalmente. Foi uma coisa completamente diferente. E outra! Ele era cristão. Foi uma coisa dificílima.

Depois disso, a primeira vez aconteceu com minha mãe, a abordagem e o contexto foram completamente diferentes. Completamente diferente. Era minha mãe que nós estávamos enterrando, no cemitério dos israelitas. Foi uma coisa muito forte. Muito, muito, muito forte. E é como se de lá para cá tudo clareasse. Tudo clareou. É como se todo aquele peso, aquela coisa confusa, de cremação, de igreja... morte não é isso, não tem nada a ver com isso. Foram experiências bem distintas, concordo. Desde a minha avó, meu companheiro até a minha mãe. Depois que eu vivi, realmente, a morte de minha mãe, quando meu pai veio a falecer agora, tem cinco meses, no finzinho de 2015, e ele está enterrado no Cemitério Israelita num local onde nós pedimos permissão à comunidade para enterrar quem não é judeu, mas que é companheiro e que tem uma identificação, certo, claro, como o meu pai tinha, e livre de qualquer tipo de objeto, dentro de uma cerimônia específica.

No Cemitério Israelita do Curado, há uma área para sepultamento de não judeus, mas com um processo não inteiramente dentro da lei judaica porque há coisas que, como ele não era judeu, a ritualidade muda um pouco. Mas o enterro, sai um pouco disso no sentido de que fomos nós mesmos que, digo, com ajuda de algumas pessoas, fizemos o enterro dele. Havia um pedido de meus pais para que permanecessem juntos. De estarem juntos. Havia uma discussão de meu pai de que quem fosse primeiro, o que aconteceria com o outro? E foi minha mãe quem foi primeiro. Ela queria estar com ele, mas ela jamais iria para um cemitério que não fosse judaico. Se ele tivesse ido primeiro, ela sofreria bastante talvez porque ela não, ela já tinha expressado, ela jamais seria enterrada em um cemitério que não fosse judaico. No final, diante deste contexto, e como papai ficou mais tempo aqui com a gente, houve isso, e nós colocamos ele lá, no Cemitério Israelita do Curado, porque, talvez felizmente, os filhos enterram os pais. Felizmente. Porque eu acho que o oposto deve ser muito doloroso. Muito mais questionador. Nós fizemos isso, e acredito que, considerando todo o contexto família, está bem consolidado. Está todo mundo muito tranquilo assim. Fizemos tudo certo porque meu pai e minha mãe foram um exemplo de convivência.

A morte, a morte é necessária. A morte, eu acho que não existe morte que não seja dolorosa. Para mim, a morte é como um parto normal ao contrário. Eu tive parto normal e tive parto cesáreo. Acredito que a dor de um parto normal é muito (ênfase) grande. Só quem vive um vai saber. Mas depois que você nasce, depois que você vem à vida, é um prazer enorme. Eu tento imaginar a morte como esse efeito reverso, mas que existe esse prazer, só que a gente não vai saber porque é uma coisa que aquela pessoa, aquela alma vai viver porque a alma, assim como a chama, a luz, a *Nefesh* (alma), ela continua, ela continua, ela não desaparece. O corpo é um receptáculo. Uma passagem, lugar comum, é isso e aquilo. Mas, para mim, a morte, ela é vivível. É passível de viver a morte.

Eu tenho um respeito até porque uma coisa é a gente falar da morte naquele contexto de estar assim junto, nosso, meu pai, minha mãe. A gente vive várias mortes. A gente vive a morte dos outros. Quando acontece um ataque terrorista, quando matam alguém em Israel, em qualquer lugar do mundo, quando uma criança morre, quando você vê atos de barbaridade, do ser humano, aquilo é uma morte e eu morro junto. Eu acho que todos nós, todos nós, morremos um pouco todos os dias pela morte do outro. Se eu trago isso para dentro de uma comunidade ou de um povo, em relação ao povo judeu é uma coisa muito forte porque um é um. Não que seja diferente dos outros, não é isso, porque para mim uma vida humana é uma vida humana, mas esse respeito pela vida humana ele é muito forte, ele é muito forte. Ver um outro morrer do nada ou naturalmente é muito doloroso.

Muitas vezes é como se fosse assim: eu já vivi vários lutos específicos, por pessoas que eu nem conhecia, mas que aquilo bate profundamente. Eu não sei. Eu acho que a gente amadurece, a gente amadurece essa morte-morrer. E eu acho que isso tem que ser feito ao longo da vida seja com os eventos que acontecem, seja com pessoas que, às vezes, vão buscar mesmo. Ou porque estão estudando, ou porque estão mais ligadas àquilo espiritualmente ou a alguma religião, enfim. Eu encaro com muita seriedade a vida e a morte, mas como uma coisa única. Uma coisa só.

Em casa, pouco se conversava sobre isso. Muito pouco. Eu acho até que, com toda sinceridade, no judaísmo, há a abordagem, óbvio, porque todos os dias morrem pessoas e tudo, mas não com aquela coisa fúnebre. Quando eu digo que as duas coisas são únicas, você pode partir do por que essa pessoa morreu? Ela foi assassinada? Foi uma coisa banal? Foi uma coisa premeditada? Quer dizer, você tem todo um arcabouço antes daquele episódio que é a morte. Isso que talvez afete muito mais até as pessoas selecionarem como lidar com a morte porque muitas pessoas que eu vejo, às vezes, eu observo, elas lidam com a morte com uma certa banalidade, enorme. Quando um terrorista mata um judeu, esfaqueado, que está andando na rua, em Jerusalém, e você vê o pessoal, as pessoas na rua, em Gaza, no que for. Comemorando com bombom, dando bombom, quer dizer, o conceito de morte deles e de vida é completamente diferente do que se aborda. Aí você começa a ver o mundo a discutir isso e começa a ver cada coisa mais maluca que sai da cabeça das pessoas, espera aí! Calma! A vida de um fulano vale mais que a vida de outro fulano? Não! São vidas humanas que são tiradas. Eu acho que o que está antes da morte, o episódio antes, é que tem impacto maior. Para como você vai lidar com aquela morte. Sim, tem mortes que são revoltantes. Tem outros que vão dizer: muito bem-feito, matou o terrorista. Será que é por aí? E como isso se repete. Eu acho que quando se vê o conceito da morte dentro da vida, a gente tem que ter prazer em melhorar a vida. Dar valor à vida. E não valor à morte. No judaísmo, nós prezamos a vida. A vida do ser humano como um todo. Cada pessoa é uma pessoa. Cada uma pessoa que morreu por atos ou aqui em nosso país, o que for, essa pessoa tem um nome, ela tem uma história, é uma vida. De novo, a morte e a vida são uma coisa só, mas eu prezo a vida. A morte incluída nela, mas como vida.

5.8. A morte é uma libertação – Depoimento 09

F.S.
Professora
Entrevista realizada em 2016

"A morte é uma libertação."

Se eu me reconheço judia? Isso é uma pergunta muito difícil de responder porque eu mesma não sei. Eu não sou religiosa, mas eu sei que eu tenho identidade, eu tenho, digamos assim, um sentimento tribal de solidariedade em relação aos judeus. Criei meus filhos no judaísmo, houve a circuncisão, o casamento dentro dos ritos religiosos, meu marido está enterrado no cemitério judeu, eu trabalhei muito tempo em organizações dentro da comunidade, então eu tenho este sentimento, mas não é um sentimento religioso. É uma identidade, e eu não sei como é que você vai definir isso: cultural, tradição, eu acho que é tudo misturado. Acho que é uma pergunta muito difícil para os judeus, a não ser os religiosos para os quais foram ordens de Deus.

Meus pais, na época, era União Soviética, eles tinham a nacionalidade russa. Nasceram na Ucrânia, que hoje é um país independente, coitados, ao lado da Rússia. Sofrem! A minha avó paterna era religiosa e obrigava os filhos a seguirem a religião e tudo isso. Meu pai era comunista e sempre foi contra, era ateu e tudo. Então ele era revoltado contra essas tradições que eram imposição da mãe. A família da minha mãe, eles não eram religiosos assim, ortodoxos, mas obedeciam a Páscoa, não comem pão fermentado, se faz toda uma série de tradições porque essa cultura judaica é religiosa, mas ela tem muitos aspectos da vida normal, como em toda religião. Então, seguiam as imposições dietéticas e outras coisas deste gênero na família da minha mãe, mas com um pensamento mais liberal. Na família de meu pai, a minha avó era muito rigorosa nisso. Pelo menos o meu pai se queixava (risos). Todos eram judeus, todos eles.

Meu pai se chamava I.J. Minha mãe se chamava S., mas você sabe que os judeus, eles têm um nome, digamos, civil e têm um nome na religião. Na religião, ela era B. Minha mãe veio com 10 anos de idade, e meu pai já veio com 20 anos porque era uma maneira assim meio tradicional de imigrar. Vinha primeiro o filho mais velho, que normalmente tinha 20, 20 e poucos anos. Aí ele tentava, ele via e, quando já estava mais ou menos estabelecido, vinha o restante da família. Então, eles vieram assim: primeiro, o irmão mais velho do meu pai e depois a família toda. Aí vêm os pais, com os filhos até assim pequenos, eram muitos filhos. Meu tio, o irmão caçula do meu pai, tinha três anos de idade quando ele veio, mas já tinha um irmão de 21 anos aqui, em São Paulo. E da minha mãe, também ela era caçula e ela tinha 10 anos de idade quando veio. O meu pai veio trabalhar aqui no Recife, e eu tinha 13 anos de idade. Aí, minha mãe, eu e meu irmão, a gente ficou aqui, eu casei aqui, tive filhos aqui. São três filhos.

Na minha idade, aos 77 anos, quando a gente vê assim, uma amiga que está começando a ficar esquecida, quando a gente viu, como eu vi, meu pai ter *Alzheimer*, não me reconhecer, perguntar para mim: "Quando é que F. chega?". Ele sabia que tinha uma F., mas não me identificava. Ou como eu vi meu marido com *Parkinson*, lúcido e cada vez mais diminuído. Primeiro, treme. Depois, tem dificuldade para andar. Depois, já não anda. Depois, já não fala, e você olha nos olhos dele e sabe que a pessoa está lúcida. Então, eu tenho muito mais medo disso do que de morrer. Então, gostaria muito de morrer de repente. E quando eu converso com minhas amigas, amigas da mesma faixa etária, eu vejo que é muito mais medo de uma doença degenerativa em que você vai se diminuindo a cada dia do que morrer. Morrer é uma libertação.

Minha vida pessoal foi marcada pela morte prematura de minha mãe. Minha mãe morreu quando eu tinha 17 anos. E morreu de câncer, tinha 42 anos de idade. Morreu de câncer, depois de sofrimentos terríveis. E, como ela era jovem, porque se dava medicamento evidentemente para dor, mas havia uma mentalidade que existe até hoje, de que ela era uma mulher forte, uma mulher jovem e que eles não deviam dar medicamentos muito fortes porque poderiam causar lesões secundárias e que poderia, de uma maneira ou de outra, aparecer uma cura, uma coisa assim. Isso faz 60 anos e é praticamente a mesma coisa. Isso para mim foi uma perda, uma coisa que me marcou para o resto da vida evidentemente. Aos 17 anos, é difícil de perder a mãe.

A morte eu conheci muito de perto e muito jovem. E vi uma coisa, talvez, esse meu medo de sofrimento e tudo isso, quer dizer, eu acho assim: ah, foi dormir e não acordou! É um abençoado. É um abençoado porque eu vi mortes. A do meu pai não, porque ele estava com *Alzheimer* e não estava entendendo o que estava acontecendo com ele e estava sendo cuidado, atentamente, cercado de todo o carinho, de tudo que poderia ser feito, então ele não sabia o que estava acontecendo. Mas minha mãe, o meu marido, que estavam lúcidos e que estavam sofrendo. Por isso que eu digo a você: morte, em muitos casos, é uma libertação. É uma libertação.

No meu caso, a morte me tornou adulta antes do tempo. Eu tenho um irmão, e ele tinha 10 anos de idade e eu virei mãe de meu irmão. Eu tive um amadurecimento precoce, um senso de responsabilidade. Enquanto os adolescentes estão todos lá revoltados e lutando contra os pais para se afirmar e não sei o quê, eu estava tomando conta da casa e do meu irmão, e que teve pneumonia uma semana depois da morte de minha mãe. No meu caso pessoal, eu acho até que exacerbou esse sentido de que eu tenho que cuidar dos outros, eu venho em segundo lugar. Agora é que eu estou com 77 anos e estou aprendendo a me priorizar. Era o sentido de que havia uma criança para criar. Meu pai ia trabalhar e havia uma criança para criar. Não que eu tenha assim, nenhuma queixa, nenhum trauma. Eu fui para a faculdade, eu fiz tudo que eu devia fazer, mas sempre esse sentimento de que eu tinha responsabilidades. Isso realmente eu acho que mudou. Quando eu olho as adolescentes de minha idade com 17 anos que a preocupação era que vestido vai botar na festa, que penteado vai fazer, cadê o namorado que ainda não apareceu. Então, eu amadureci precocemente.

Após a de minha mãe, vieram as perdas sucessivas dos meus tios porque os irmãos da minha mãe eram muitos próximos. Era uma família muito, muito, muito unida. O primeiro tio que morreu foi uma coisa que me chocou muito porque, de uma certa maneira, e eu já era casada, já tinha um filho e tudo, mas sempre essa família era um sentimento de proteção. Eu sabia que eles eram meus protetores como minha mãe era minha protetora e aí era mais uma parte dessa proteção que estava indo embora. Então o meu primeiro tio, irmão de minha mãe, que morreu para mim foi um horror. Depois, você já está mais velha, tem outras preocupações e começa a entender que é a ordem natural das coisas. E teve um lapso muito grande para outras perdas. Então foi esse tio que marcou. É essa sensação de que você perde uma pessoa que ama muito e sabia que amava você, mas também tem essa perda da proteção.

Entretanto, é tudo diferente. Foi diferente porque o sentimento que você tem com relação a sua mãe não é o mesmo que você tem com relação ao tio, mesmo que seja um tio muito querido. É diferente e, além do mais, é uma coisa você perder a mãe aos 17 anos e perder um tio quando você tem 20 e poucos anos. Você sente, você sofre e não tem como. Cada morte é uma morte e causa um impacto diferente na sua vida, então acho difícil de comparar.

Eu não sei. Esta história de céu e inferno, Deus barbudo que está lá em cima, castigando as pessoas porque pecaram ou não sei o quê, não acredito nisso. Mas eu já tenho idade suficiente para aceitar meus próprios paradoxos. Eu sei que quando a gente é mais jovem, não. Ah, não tem sentido isso, sei lá. Eu, quando vou ao cemitério, que eu vou no túmulo da minha mãe, do meu pai, meu marido, do meu sogro, eu tenho uma sensação de que eu estou próxima deles de alguma maneira. Que não é um monte de ossos que existe ali, não! Que tem mais alguma coisa. E eu sei que quando estou assim muito, muito angustiada é como se eu pedisse para eles me ajudarem. E por outro lado, por onde é que eles andam?

Veja! A gente tenta seguir o máximo que a gente pode. Sentar no chão durante uma semana, continua usando. Rasgar a blusa, você sabe que, no ritual judaico, se rasga, se corta a blusa que a pessoa está usando. Os homens não fazem a barba. Não, isso não. Mas, pelo menos os meus mortos, foram enterrados com a mortalha. Os judeus fazem uma espécie de vestimenta que se é costurada sem nós, eles foram enterrados assim e enterrados em cemitérios judaicos. Eu passei muitos anos trabalhando para angariar fundos para a gente construir o cemitério do Curado porque o do Barro lá a prefeitura doou o outro terreno e eu queria muito que tivesse um outro cemitério judaico para quando chegasse a minha vez. E é muito engraçado porque muitas pessoas com as quais eu fui falar, fui pedir para contribuir e tudo isso também me diziam isso: "Eu quero ser enterrado em cemitério judaico". E pessoas que não eram religiosas, mas tinham coisas que são muito fortes. Não dá para não cumprir. Não me pergunta o porquê, porque para uma pessoa como eu não faz sentido.

A morte transforma a gente. Pessoas próximas, não tem como não transformar. Às vezes, a gente nem se apercebe. Eu vou te contar uma coisa. Eu tinha uma amiga, católica. Foi minha amiga em São Paulo, depois a família dela se mudou para Recife. Nós éramos vizinhos em São Paulo, acabamos vizinhas aqui no Recife. Ela me acompanhou a infância toda. A mãe dela era muito amiga da minha mãe e depois ela foi, era pianista, foi embora e morou muitos anos na Europa. Acabei perdendo o contato. Às vezes, quando vinha para o Recife, ela ainda me procurava, mas depois cada uma levou sua vida, se afastou e eu não sabia mais notícias nem da família dela nem nada.

Um dia, eu abro o jornal e tem lá o convite: ela tinha falecido nos Estados Unidos, e o marido trouxe as cinzas para serem enterradas aqui em Recife. E quando eu vi o nome e eu li várias vezes para ter certeza que era ela, tinha um nome comprido, era ela! Que eu não via há 20 anos. Eu fiquei tão abalada! Tão abalada! E eu fui ao cemitério e foi como se eu tivesse reencontrado uma família minha que tivesse se afastado. Sim, porque a mãe dela ficou segurando minha mão a missa toda. Eu saí tão transtornada que eu não conseguia me lembrar onde eu tinha estacionado o carro. Eu me perdi dentro do Cemitério de Santo Amaro. Eles tinham dado uma flor para cada pessoa, uma flor para pôr no ossuário, e uma flor para levar. Os judeus não levam nada quando saem do cemitério. Pelo contrário, eles lavam as mãos. Saí desesperada. Primeiro, deixei a flor no primeiro túmulo que encontrei. Depois, fui atrás de uma torneira, porque eu tinha que lavar as mãos. Aquilo me transtornou de uma tal maneira e sem que eu me apercebesse. Eu só me apercebi quando eu fui para minha aula de francês, não na Aliança Francesa, mas, uma vez por semana, eu tenho um professor e a gente bate papo. Eu tinha estacionado o carro não sei onde e ele disse que a vaga era de um vizinho e não sei o quê. Ao tirar o carro, acabei que arranhei o carro dos dois lados. Eu não sou grande motorista, não, mas não me acontece com frequência. Aí, eu me dei conta de como eu estava perturbada.

Então, com relação à morte, tem coisas muito estranhas. Não é? Muito estranhas! Mas eu acho que revivi também a infância, a adolescência, a morte da minha mãe, porque a primeira pessoa que chegou lá em casa foi a mãe desta minha amiga, que era amiga da minha mãe. Modifica, né? Mexe com muita coisa que, às vezes, racionalmente, a gente nem percebe. Agora, você vai comer um biscoitinho! Porque, você sabe; tem a figura da ídiche “mame”. Não pode sair sem comer.

6. PARA TERMINAR

A apresentação de **A vida é uma passagem** encerra um ciclo que teve início em 2012. Naquele ano, submeti minha dissertação de mestrado a uma banca examinadora que não só aprovou o trabalho, como também, generosamente, fez uma série de pertinentes observações e deu sugestões de novas possibilidades de pesquisa sobre o tema defendido.

Tantas contribuições me levaram a refletir como eu poderia adensar meus estudos a respeito da morte e do judaísmo. No transcurso deste processo, percebi que algumas inquietações permaneciam latentes à espera de investigações. Talvez, a partir delas, fosse possível chegar a algumas respostas. Em que os judeus acreditam? Como eles lidam com as tradições em um tempo de contínuas transformações sociais e culturais? Eram muitos os questionamentos. Entre tantas perguntas em aberto, uma acabava se impondo com mais recorrência. A mim, interessava compreender qual era ou quais eram as motivações que levavam os judeus a reiterar, modificar ou deixar de lado determinados costumes e práticas. Entendi que era por esse caminho que deveria seguir a pesquisa dentro de um doutorado.

Esse foi apenas o início da jornada, que seria difícil. A começar pela falta de interlocutores de diversas ordens. Ainda existe pouca gente que queira e tenha condições de dialogar sobre morte e judaísmo. Dentro das universidades, são poucos os programas que contemplam esses assuntos. Faltam pares com os quais seja possível trocar ideias, esclarecer dúvidas, desenvolver projetos e também se inspirar, por que não? A forma como trabalham alguns colegas, não importa a área, e, não raro, nos motiva e desperta em nós uma vontade de fazer mais e melhor. Prova desta realidade é o número de pesquisas à disposição no banco de dados das instituições de ensino, bem aquém do ideal dada a relevância do tema.

Faltam interlocutores também nos sebos e livrarias, onde quase não se encontram publicações que abordem assuntos tão importantes quanto delicados. Penso que seja um reflexo desta contemporaneidade que oprime, que embota os sentidos, minimiza os afetos, exacerba o valor da tecnologia e impõe um caráter funcionalista a praticamente tudo ao nosso redor. O indivíduo está sucumbindo a esta realidade.

Longe da literatura, fora da academia, poucos são os que querem pensar a própria condição. Dentro dessa proposta de refletir sobre a morte inserida no contexto de sua religião e em diálogo com a religião do outro, a grande maioria das pessoas procuradas por mim preferiu ficar de fora. Elas não quiseram conversar. Algumas se recusaram de imediato. Outras aceitaram, mas desistiram depois, pediram para remarcar o encontro mais de uma vez e, por fim, apresentaram uma desculpa, pondo um ponto final à questão. A despeito das complicações de ordem prática para realizar a pesquisa provocadas pelas negativas, compreendi que aqueles que se negaram a participar do processo tiveram suas limitações. Natural. Para muitos, compartilhar suas histórias e dores significaria vivê-las de novo. Não é todo mundo que quer ou está disposto a passar por isso.

Todos que conversaram e compartilharam comigo lembranças importantes de suas vidas pertenciam a um mesmo grupo: a comunidade judaica do Recife. Eles somam quase 1.300 pessoas, segundo os levantamentos feitos pelo IBGE, datados de 2010. Isso corresponde a mais da metade do número total de judeus em Pernambuco e que, atualmente, deve ser bem maior por duas razões: primeira, temos uma defasagem de mais de uma década com relação ao ano em que o censo foi realizado (os dados sobre esse tema do censo seguinte, de 2022, ainda não tinham sido divulgados durante a elaboração deste livro). Depois, o censo do IBGE classifica como judeu o indivíduo que se declara seguidor da religião judaísmo. Entretanto, como foi apresentado neste trabalho, há outras formas de se reconhecer judeu e que extrapolam a ideia ou conceito de religião, elevando e muito o número de judeus no Recife e em Pernambuco, evidentemente.

Ainda sobre os judeus que integram a comunidade do Recife, em sua maioria, eles descendem de famílias judias que deixaram para trás toda uma vida em países como Polônia, Romênia, Lituânia e Rússia, na Europa Oriental. Eram ashkenazitas que imigraram fugindo dos efeitos devastadores das duas primeiras grandes guerras no início e meados do século passado. No Brasil, esses judeus constituíram importantes e prósperas comunidades, estando as maiores delas, atualmente, localizadas nas cidades de São Paulo, Rio de Janeiro e Porto Alegre. Juntas, elas abrigam cerca de 80% dos judeus no país. Em seguida, vêm Curitiba, Belo Horizonte, Recife e Salvador.

Mesmo com tudo isso, alguém pode perguntar: por que estudar a comunidade judaica do Recife? O que ela tem de tão especial para ter sido escolhida como um marcador dentro da pesquisa? Por que não os judeus de São Paulo, os de Nova Iorque, nos Estados Unidos, ou os de Buenos Aires, na vizinha Argentina? Para essas perguntas, existem algumas respostas. Para começar, havia um fator de ordem financeira. Sem bolsa ou qualquer tipo de financiamento ao longo do doutorado, não houve como viajar para realizar o trabalho de campo em lugares mais distantes que demandassem tempo e/ou dinheiro, dentro ou fora do Brasil. Outro fator foi de caráter prático e está ligado ao anterior de certa forma. Como morava e trabalhava no Recife, observar a comunidade judaica local facilitaria o andamento da pesquisa inequivocamente. A terceira e principal razão para a escolha amparou-se na relevância da comunidade judaica do Recife na história do Brasil e, permito-me dizer, do mundo.

Ainda no período colonial brasileiro, Pernambuco tornou-se um dos principais portões de entrada para os judeus que vinham da Europa nas primeiras ondas migratórias nos séculos XVI e XVII. A maioria, pode-se dizer, fugia da Inquisição, que tornava praticamente impossível a permanência de não católicos na Península Ibérica, em especial, aqueles que professavam a fé mosaica. Resguardados pela distância da metrópole, em certa medida, e animados por uma economia próspera, os judeus cresciam em número e importância.

O Recife atraiu líderes religiosos, intelectuais e comerciantes judeus conhecidos em várias partes do mundo. Na cidade, fundaram a primeira sinagoga e, provavelmente, o primeiro cemitério das Américas em um terreno entre os bairros da Boa Vista e Coelhos. Durante 24 anos, de 1630 a 1654, período do governo holandês, a comunidade judaica viveu o que considera seu período áureo. Apesar de inúmeros embates com parte da população da época, os judeus tiveram liberdade para professar sua fé e alcançaram uma posição de destaque na sociedade.

Com o fim do domínio holandês e a retomada do poder pelos portugueses, e consequente aumento dos braços da Inquisição sobre a colônia, a vida para os judeus tornou-se dificílima. Muitos foram obrigados a deixar o Recife, voltando para a Europa, mas longe da Península Ibérica, ou buscando outros destinos, como aqueles que acabaram desembarcando na América do Norte e ajudaram a fundar a cidade de Nova Iorque. Todos esses aspectos, tanto do passado quanto os mais recentes, me levaram a ter a certeza de que a comunidade judaica que se estabeleceu no Recife se revestia de uma relevância que justificava o seu estudo.

Entre os judeus e todos os grupos, um evento constitutivo da vida se impõe de modo democrático: a morte, que é para todos. Ela disfere seu golpe fatal não importa o sexo, a idade, a cor da pele, o *status* social, a formação acadêmica ou qualquer outro aspecto distintivo. E, em todo o mundo, alguém sentirá a perda desta pessoa porque o sofrimento e a dor também não costumam ser complacentes com quem quer que seja, incluindo os judeus. Eles criaram, com e para além dos próprios sentimentos, um modo próprio de enterrar e reverenciar seus mortos. Um todo complexo marcado por regras e rituais, rituais que costumam marcar a vida social como nos lembra Peirano (2003).

No judaísmo, dois princípios são observados com máximo rigor: o *kevod ha-met* e o *kevod he-chai*. Este se refere à conduta que se deve ter com os enlutados, cuidando do amparo e conforto necessários àqueles que acabaram de perder uma pessoa mais próxima. O outro, o *kevod ha-met*, observa o respeito à memória e ao corpo do morto. O conhecimento desses princípios facilita a compreensão de todos os processos que se desenvolvem a partir da morte de um judeu. Quando ela ocorre, várias providências precisam ser tomadas. Devido ao seu significado e ao caráter recorrente, cito algumas entre tantas ainda hoje praticadas: os olhos de quem morreu devem ser fechados e o corpo precisa ser colocado no chão e coberto, evitando-se expô-lo. Outro costume é jogar fora as águas de casa como se diz, esvaziar vasos e garrafas, substituindo por água nova. Antes de ser posto em um caixão, o morto deve ser lavado. Não se trata de um banho, mas de uma limpeza de caráter simbólico. Com a ajuda de um pano e água, os homens lavam o corpo de sexo masculino, e as mulheres ficam responsáveis pelos corpos de sexo feminino. No Recife, o trabalho dessas mulheres tem sido coordenado por Lígia Bender, e o dos homens ficava a cargo de Issac Essoudry, que faleceu em novembro de 2017. Essa lavagem é considerada um ritual de purificação chamado *Tahará*.

Feito isso, o corpo deve ser vestido com uma mortalha que deve ser feita com um tecido simples, de preferência, branco e sem nós. Em seguida, costuma-se convocar os parentes do morto para uma despedida mais íntima e particular, considerando-se que, imediatamente após, o caixão será fechado e não poderá mais ser aberto nem no velório ou qualquer momento antes do sepultamento. Vale lembrar que esse caixão deve ser simples e não pode ter abertura ou qualquer parte de vidro para não expor o corpo.

Enquanto ele é velado, também é costume permanecer algum acompanhante no local e manter uma vela acesa. O velório precisa ser breve, pois o judaísmo pede que os sepultamentos ocorram em até 24 horas após a morte. No Recife, os funerais ocorrem em um dos dois cemitérios israelitas da cidade. O mais antigo é o do Barro, fundado há quase cem anos. Ele atingiu sua capacidade máxima e recebe apenas os corpos de integrantes de famílias que há muito adquiriram um espaço nele. Hoje, a maioria dos sepultamentos ocorre no Cemitério do Curado, mais novo, fundado em 2012. Nele, atendendo a demandas atuais, foram criadas quadras para receber os corpos de marranos e de cônjuges não judeus de integrantes da comunidade judaica que realizaram os chamados casamentos mistos. Outro detalhe deste cemitério é o espaço reservado aos suicidas, que, devido a uma mudança de entendimento no judaísmo, passaram a ser aceitos no campo santo. Os túmulos, entretanto, ficam numa quadra próxima aos muros do cemitério, afastados dos demais, como também ocorre nos casos de não judeus e de marranos.

Os critérios que vão implicar no sepultamento, ou não, em cemitérios judaicos nos remetem a uma questão maior que está no centro do debate proposto por este trabalho, que buscou oferecer uma entre tantas possíveis interpretações de como os judeus do Recife lidam com a morte e com os processos, experimentados só ou na coletividade, que dela decorrem. Um trabalho que se mostrou bem mais difícil do que o suposto inicialmente. A dificuldade se deu, em parte, além de outros obstáculos, porque muita coisa foi dita pelos interlocutores de maneira extremamente sutil, nas entrelinhas, carente de interpretação e diálogo estreito com as ideias e teorias adotadas na pesquisa.

Para alcançar os resultados da pesquisa que serviu de base para este livro, estabeleci cinco categorias de análise. Algumas foram definidas antes mesmo que as entrevistas em campo fossem realizadas, e as demais se destacaram de forma contundente durante os encontros. Identificar-se como, se reconhecer judeu foi a primeira dessas categorias. A princípio, responder "sim". Do contrário, não haveria como seguir com a entrevista porque todo o trabalho tomou como base o ponto de vista do judeu. Logo, se o indivíduo não se reconhece como um, as informações passadas por ele não poderiam ser aproveitadas. Todavia, todos os interlocutores disseram que se reconheciam como judeus.

A partir desse ponto, uma nova questão se apresentou. Para a pergunta "O senhor/a senhora é judeu/judia?", eu não recebi uma, mas várias respostas e cheguei à conclusão de que todas são válidas. Trata-se de um debate atual, contemporâneo, quando observamos que esta identidade se constrói de diversas formas. A religião judaica afirma que é judeu todo aquele que nasce do ventre de uma mulher judia, o que não é garantia de pertencimento ao grupo. Muitos filhos de mãe judia foram criados dentro de uma outra religião e dela se tornaram seguidores. Também se considera judeu quem se converte ao judaísmo. Dentro desse universo composto dos indivíduos que seguem a mesma religião, o judaísmo, encontramos uma série de adjetivações que variam de acordo com a forma como a religião é interpretada: ortodoxos, reformistas e messiânicos, para citar alguns.

Há ainda aqueles que consideram o judaísmo mais do que religião, um conjunto de ideias, conceitos, práticas, experiências, costumes e estilo de vida, sem deixar de lado aspectos como língua e manifestações artísticas, entre outros. Neste caso, o reconhecimento se dá pela cultura em um sentido mais amplo. Até bem pouco tempo, o ser judeu estava ligado a uma ideia de determinismo, de destino. Não mais. Pelo menos, é o que nos propõe Sorj (2001). Para ele, o foco é outro. Ser ou não ser judeu, agora, continua sendo uma reflexão válida dada a multiplicidade do judaísmo – religião, cultura, etnia, nacionalidade, enfim – por outro lado, o mais importante é decidir qual o judeu que se deseja ser. E foi possível perceber um movimento nesse sentido entre os judeus do Recife que entrevistei.

Outra categoria de análise considerada por mim foi religiosidade e, para falar a seu respeito, impossível não chegar antes à religião. Vinda do latim, a palavra significa o ato de atar, ligar, evocando a união destas duas pontas: o homem e o que transcende, o divino. A função atribuída à religião muda com os grupos, culturas e locais. No ocidente, a religião vai mediar essa delicada relação entre o homem e a divindade. No oriente, a divindade não transcende, Deus está em tudo, logo, a religião perde seu caráter mediador. Uma das definições mais conhecidas e adotadas de religião foi proposta por Émile Durkheim. Segundo o sociólogo francês, é na religião que a sociedade se funda e é pela religião que ela se mantém intimamente por meio de uma comunidade moral que chama de igreja, ratificando o forte caráter coletivo de sua ideia. A religião como uma "coisa eminentemente coletiva" (DURKHEIM, 2008).

Para Simmel (2007), sociólogo alemão, o indivíduo se sobrepõe à coletividade e, desta forma, a religião surge como um produto cultural que resultou das experiências que cada pessoa teve consigo, com o outro e com o grupo maior no qual está inserido. As duas posições foram consideradas por mim, que, para efeitos deste estudo, acabei tomando por religiosidade o que Cipriani chama de "complexo das atitudes e dos comportamentos ligados ao experimentar o religioso" (CIPRIANI, 2007).

Percebi traços de religiosidade no relato de todos os interlocutores. Mais forte em determinados casos, em outros, nem tanto. Há pessoas nas quais a religiosidade se revela na rigorosa observância dos preceitos encontrados na *Torá* e reiterados pela tradição judaica. Nem todos pensam dessa maneira. Alguns dos interlocutores buscam se conectar com o divino de um modo mais particular e individual. Eles frequentam pouco a sinagoga, incorporam elementos de outras religiões que julgam pertinentes e que podem colaborar com o seu refinamento espiritual e participam de vários eventos de caráter religioso mais pelo aspecto cultural que estes carregam do que como um momento da liturgia judaica. No Recife, também existem casos de pessoas que passaram toda a vida sem "experimentar o religioso" dentro do judaísmo e, hoje, buscam vivenciar tudo o que podem.

Duas situações me chamaram a atenção com relação à religiosidade do grupo pesquisado. Uma delas diz respeito ao relato repetido pela maioria dos interlocutores que tinham em suas famílias pelo menos um judeu que não buscava qualquer tipo de conexão com o religioso, o sagrado, porque não acreditava em qualquer forma de existência de um Deus. Consideravam-se ateus. Uma condição que está diretamente relacionada com a categoria anterior que discute a ideia do judeu que se quer ser ou do judeu que se é. A segunda surgiu com uma observação feita por um dos interlocutores que também era líder religioso na comunidade. De acordo com ele, a religião, e por consequência a religiosidade, penso eu, vem enfraquecendo entre a comunidade judaica do Recife. Ainda segundo esse interlocutor, isso seria preocupante porque, quando isso acontece, torna-se mais difícil enxergar o significado dos costumes e rituais e são eles que mantêm toda a tradição judaica. Não concordo plenamente com a interpretação, em parte, por não ver essa perda de força. Antes, por achar que o momento é de transformação nos modos de se relacionar com o outro e com a divindade.

O refletir sobre o divino, sobre a morte, acabou por nos conduzir, eu e os interlocutores, ao que entendi ser uma terceira categoria de análise: o medo. Não escondo minha surpresa face ao fato de que como tão silenciosamente ele se impõe de forma marcante na vida de todos! Confesso ou subjacente, foi possível identificá-lo em todas as falas, não raras as vezes, embaçado em olhos cheios d'água. E o judeu conhece o medo de perto porque há muito andam juntos. É histórico. Foram, como já mencionei anteriormente, diásporas, perseguições, guerras, holocausto. Antes de viver, o povo judeu precisou aprender a sobreviver em condições adversas. Um solo fértil para florescimento de todo tipo de medo. Entretanto, é saudável lembrar que não são apenas os judeus que temem. Medo é inerente à toda criatura viva, nos alertou Bauman (2008), certa vez. Medo é condição animal, que fareja o perigo, pressente sua presença. A condição biológica, no homem, é também cultural. Todo ele sente medo, mas cada um, dentro de um grupo social distinto, lida com esse sentimento de forma diferente.

Sobre o medo da morte, nenhum dos interlocutores declarou ter. Ninguém teme a morte por razões distintas. Entre as principais justificativas, a compreensão de que ela faz parte de um ciclo natural que começa com o nascer e também o contato mais íntimo com a morte por participar de algum departamento religioso da comunidade e/ou ter acompanhado o morrer de alguém mais próximo. A despeito do motivo, um detalhe me chamou a atenção: como um grupo que viveu e, em alguns casos, ainda vive a experiência de situações extremas, tentando manter a vida a um custo enorme, não tem medo de morrer? Importante pontuar que, em momento algum, duvidei das palavras que me foram ditas. Entendo que, além de não me caber esse papel, baseio meu trabalho em uma mútua relação de confiança com meus interlocutores. O que apresento aqui é minha limitação para entender esta realidade específica.

Por outro lado, se não tem medo da morte, a maioria dos judeus que entrevistei relatou um medo constante: o de perder alguém querido. A ideia da morte de uma mãe, um pai, irmãos, marido, esposa, filhos, amigos, um companheiro-na-vida, é como um sofrimento com qual tentam se acostumar. Alguns preferem nem falar sobre o assunto. Houve uma interlocutora que disse ter passado toda a juventude imaginando como iria reagir caso morresse a mãe ou o pai. Um desgaste imenso, solitário e, ao fim das contas, desnecessário, afirmou ela. Segundo relatou, esse é um tipo de temor que se constrói ao longo da vida, quase sempre, baseado nas próprias experiências ou naquelas narradas por terceiros. Trata-se de um medo que foi "reciclado" pela cultura e pela sociedade, um medo que o autor chama de derivado porque decorre de um sentimento vivido anteriormente, fazendo com que a pessoa se sinta insegura, porque não sabe exatamente o que e quando vai ocorrer, e vulnerável por se considerar incapaz de evitar que o que teme aconteça (BAUMAN, 2008).

O processo de morrer é mais um medo revelado, em especial entre aqueles com mais idade. É motivo de muita angústia para o grupo entrevistado a possibilidade de enfrentar doenças que comprometam a autonomia e possam provocar dor e sofrimento. Praticamente todos relataram ter acompanhado de perto as dificuldades vividas por algum parente ou amigo próximo e que terminaram de uma maneira muito triste. Uma experiência marcante que acabou mexendo com o imaginário de quem perdeu alguém nessas condições. Uma das declarações mais fortes a esse respeito foi dada por uma interlocutora que enterrou a mãe muito jovem, vítima de câncer, e o marido que morreu com a doença de *Parkinson*. Nesses casos, no entendimento dela, a morte é uma libertação.

Por acreditar que a proximidade com a morte seja uma espécie de gerador de mudanças, considerei as transformações pelas quais pode passar uma pessoa como minha quarta categoria de análise, e os resultados obtidos foram bem interessantes. A maioria dos entrevistados disse que a morte transforma aqueles que perderam alguém considerado importante e até mesmo outras mais distantes do convívio. Evidentemente, os processos são distintos como o são seus atores. Alguns tiveram a personalidade modificada, provocando um amadurecimento precoce. Outros se tornaram mais temerosos, com medo de sofrer ou de perder alguém, como comentado há pouco.

De modo geral, também foi comum a narrativa de que as mudanças ligadas à morte também estão, em certa medida, atreladas ao tempo, que lapida as ideias, e a uma busca individual de informações sobre o tema dentro e fora do judaísmo. Uma realidade que me faz lembrar as palavras de Le Breton: "A dor" — que penso, pode nascer também com a morte do outro e de si mesmo porque existem várias formas de se morrer além da fisiológica — tira o indivíduo da quietude, burila o conhecimento, nos permite descobrir nossos limites e dar nova dimensão a respeito do que sabemos do outro (LE BRETON, 2013). Porém, é necessário apontar, houve interlocutores que não identificaram qualquer mudança em seu comportamento ou forma de ver e se relacionar com a morte. Para esses, a morte é algo extremamente natural. Eles sentem a perda, ficam tristes, mas entendem que a vida segue e que, em algum momento, chegará a vez deles.

E, para além da morte, o que há? Como é? Qual o tempo deste todo que chamei de pós-morte e que considerei minha quinta e última categoria de análise? A resposta: depende! Depende de quem pensa a respeito, das coisas em que a pessoa acredita, dos valores e bagagem reunidos por ela ao longo da vida. Não há uma única resposta possível, mas várias. São possibilidades, incertezas. Os judeus do Recife, exceto por um dos entrevistados, creem numa continuidade e que a morte não encerra tudo. "Um dia, nós vamos nos reencontrar" foi uma afirmação repetida várias vezes por eles.

Fato é que as ideias se transformaram ao longo dos séculos, sob inúmeros aspectos. O retorno à vida seria uma graça concedida a todos, não importa o que tivessem praticado neste mundo. Reviver para glória ou vergonha seria outra questão. Mas também se considerou que só os justos que tivessem praticado o bem e corrigido suas falhas teriam acesso a essa dádiva no mundo por vir. Dúvidas também sobre se o mundo após a morte seria uma espécie de cópia deste, mas em outro plano, existindo assim dois mundos em paralelo e simultâneos, ou se a morte iniciaria um período de espera que se estenderia até a vinda do Messias quando os mortos seriam ressuscitados. Entre os integrantes da comunidade judaica da capital pernambucana, foi possível perceber que não existe um senso comum a respeito do que está para além da morte. As posições não chegam a ser polarizadas, mas estão longe de apresentar uma uniformidade. Acredita-se em ressurreição, reencarnação, imortalidade da alma, céu, inferno e nos benefícios que a prática do bem e a observância dos preceitos judaicos podem garantir nesse mundo vindouro.

Os judeus entrevistados, em sua maioria, apostam na continuidade da vida. Eles divergem na forma como essa continuação ocorreria. Na verdade, uma discussão antiga e que deve se estender por período indeterminado. É essa busca por respostas, baseada em questionamentos constantes sobre o pós-morte e trafegando por pontes que ligam um passado sabido a um futuro desconhecido, que pauta e molda o presente da comunidade estudada.

A projeção que os interlocutores fazem a respeito do que é a morte em diálogo com a compreensão que eles têm de si mesmos, com a religiosidade de cada um, seus temores e possíveis marcas deixadas pela morte de uma ou mais pessoas próximas, de companheiros-na-vida, como já dito aqui, nos leva a acreditar que, entre os judeus do Recife, sejam eles seculares ou religiosos, a morte é percebida como um evento natural, uma parte constitutiva da existência de toda e qualquer pessoa.

Em momento algum é atribuída à morte uma conotação pejorativa, como sendo um castigo divino para quem morre ou para aqueles com os quais o morto se relacionava. Antes, para alguns, uma oportunidade de encontrar o Criador, considerando-se os meios admitidos e já comentados, ou, como acreditam outros, de refinamento de si próprio como uma etapa anterior e necessária para acessar outros mundos, considerando-se assim, em ambas as situações, que o indivíduo sobrevive à morte.

A partir desse cenário, também é possível afirmar, se é que nos é possível afirmar alguma coisa, ainda mais em se tratando do tema deste trabalho, que, na comunidade judaica do Recife, existe a crença em uma vida depois da morte que prossegue em tempo e espaço diferentes dos dados aqui, o que não representa obstáculo para a comunicação entre esses dois mundos. Pelo contrário, aproxima-os, reiterando a ideia de Martins: "A vida se prolonga de vários modos na trama simbólica que junta e harmoniza os opostos – a vida e a morte" (MARTINS, 2005). Ou, quem sabe, nem tão opostos assim.

Referências

APEB, IT. nº 03/1079/1548/4, fl.92. *In*: REIS, J. J. *A morte é uma festa*: ritos fúnebres e revolta popular no Brasil do século XIX. São Paulo: Companhia das Letras, 1991. p. 96.

ARIÈS, P. *História da morte no* Ocidente: da Idade Média aos nossos dias. Tradução Priscila Viana de Siqueira. [Ed. especial]. Rio de Janeiro: Nova Fronteira, 2012.

ARIÈS, P. *O homem diante da morte*. Tradução Luiza Ribeiro. 1. ed. São Paulo: Editora Unesp, 2014.

ASHERI, M. *O judaísmo vivo*: as tradições e as leis dos judeus praticantes. Tradução José Octávio de Aguiar Abreu. 2ª ed. revisada. Rio de Janeiro: Imago Ed., 1995.

AUSUBEL, N. *O livro do conhecimento judaico*. Tradução Eva Schechtman Jurkiewicz. Rio de Janeiro: Editora Tradição S/A, 1967.

BARCELLOS, M. C. *Os orixás e o segredo da vida*: lógica, mitologia e ecologia. 4ª ed. Rio de Janeiro: Pallas, 2005.

BAUMAN, Z. *Medo líquido*. Tradução Carlos Alberto Medeiros. Rio de Janeiro: Zahar, 2008.

BENJAMIM, W. *Magia e técnica, arte e política*: ensaios sobre literatura e história da cultura. Tradução Sérgio Paulo Rouanet. Prefácio Jeanne Marie Gagnebin. 8ª ed. São Paulo: Brasiliense, 2012.

BÍBLIA HEBRAICA. Tradução David Gorodovits e Jairo Fridlin. São Paulo: Editora e Livraria Sêfer Ltda, 2016.

BIBLIA SAGRADA: Nova Versão Transformadora. 1ª ed. São Paulo: Mundo Cristão, 2016.

BONDER, N.; SORJ, B. *Judaísmo para o século XXI*: o rabino e o sociólogo. Rio de Janeiro: Jorge Zahar Ed., 2001.

BOSI, E. *Memória e sociedade*: lembranças dos velhos. 3ª ed. São Paulo: Companhia das Letras, 1994.

BRENNER, M. *Breve história dos judeus*. Tradução Marcelo Brandão Cipolla. Revisão técnica Nancy Rozenchan. São Paulo: Editora WMF Martins Fontes, 2013.

BULLEN, M. et al. *National Geographic*: guia visual da mitologia no mundo. São Paulo: Editora. Abril, 2010.

CASCUDO, L. C. *Mouro, franceses e judeus*: três presenças no Brasil. 3ª ed. São Paulo: Global, 2001.

CERTEAU, M. *A invenção do cotidiano*: 1. artes de fazer. Petrópolis: Vozes, 2009.

CIPRIANI, R. *Manual de sociologia da religião*. Tradução Ivo Storniolo. São Paulo: Paulus, 2007.

COUTINHO, J. P. Religião e outros conceitos. *Sociologia: Revista da Faculdade de Letras da Universidade do Porto*. Porto: ano XXIV, (2012), pp.171-193. Disponível em: https://ojs.letras.up.pt/index.php/Sociologia/article/view/1412/1203. Acesso em: 5 set. 2023.

CUNHA, M. C. *Os mortos e os outros*: uma análise do sistema funerário e da noção de pessoa entre os índios Krahó. São Paulo: Editora HUCITEC, 1978.

DAMATTA, R. *A casa & a rua*: espaço, cidadania, mulher e morte no Brasil. 5ª ed. Rio de Janeiro: Rocco, 1997.

DURKHEIM, É. *As formas elementares da vida religiosa*: o sistema totêmico na Austrália. Tradução Joaquim Pereira Neto. 3ª ed. São Paulo: Paulus, 2008.

ELIADE, M. *Mito e realidade*. Tradução Pola Civelli. São Paulo: Perspectiva, 2011.

ELIADE, M. *O sagrado e o profano*: a essência das religiões. Tradução Rogério Fernandes. 3ª ed. São Paulo: Editora WMF Martins Fontes, 2010.

EPICURO. *Carta sobre a felicidade*. Tradução e apresentação Álvaro Lorencini e Enzo Del Carratore. São Paulo: UNESP, 2002.

FREYRE, G. *Casa-grande & senzala*. Ilustrações Cícero Dias e Antônio Montenegro. 46ª ed. Rio de Janeiro: Record, 2002.

FREYRE, G. *Modos de homem & modas de mulher*. 2ª ed. rev. São Paulo: Global, 2009.

FREYRE, G. *Vida social no Brasil nos meados do século XIX*. Tradução Waldemar Valente e Instituto Joaquim Nabuco de Pesquisas Sociais. 4ª ed. ver. São Paulo: Global, 2009.

GALINDO, M.; MENEZES, J. L. M. *Desenhos da Terra*. Atlas Vingboons. Instituto Cultural Bandepe, 2003.

GEERTZ, C. *A interpretação das culturas*. 1ª ed. Rio de Janeiro: LTC, 2008.

GENNEP, A. *Os ritos de passagem*: estudo sistemático dos ritos da porta e da soleira, da hospitalidade, da adoção, gravidez e parto, nascimento, infância, puberdade, iniciação, coroação, noivado, casamento, funerais, estações, etc. Tradução Mariano Ferreira. Apresentação Roberto da Matta. 2ª ed. Petrópolis: Vozes, 2011.

GRIN, M. VIEIRA, N. H. (Org.). *Experiência cultural judaica no Brasil*. Rio de Janeiro: Topbooks, 2004.

HERTZ, R. *Sociologia religiosa e folclore*: coletânea de textos publicados entre 1907 e 1917. Tradução Guilherme João de Freitas Teixeira. Petrópolis: Vozes, 2016. Coleção Antropologia.

INSTITUTO BRASILEIRO DE GEOGRAFIA E ESTATÍSTICA (IBGE). *Panorama*. Brasil/Pernambuco/Recife. Disponível em: https://cidades.ibge.gov.br/xtras/temas.php?lang=&codmun=261160&idtema=91&search=pernambuco|recife|censo-demografico-2010:-resultados-da-amostra-religiao. Acesso em: 5 fev. 2018.

INSTITUTO BRASILEIRO DE GEOGRAFIA E ESTATÍSTICA (IBGE). https://ww2.ibge.gov.br/estadosat/temas.php?sigla=pe&tema=censodemog2010_relig. Acesso em: 5 fev. 2018.

HUIZINGA, J. *O outono da Idade Média*: estudo sobre as formas de vida e pensamento dos séculos XIV e XV na França e nos Países Baixos. Tradução Francis Petra Janssen. São Paulo: Cosac Naify, 2010.

JOHNSON, P. *História dos judeus*. Tradução Carlos Alberto Pavanelli. Rio de Janeiro: Imago, 1989.

JUNG, C. G. *Psicologia e religião*. Tradução Padre Dom Mateus Ramalho Rocha. Petrópolis: Vozes, 1978.

KAUFMAN, T. *Passos perdidos – História recuperada*: presença judaica em Pernambuco – Brasil. 4ª ed. Recife: Ensol, 2005.

KOGAN, A. *Vivência espiritual judaica na metrópole paulistana:* judeus-espíritas na contemporaneidade. São Paulo: PUCSP, 2016.

KOLATCH, A. J. *Livro judaico dos porquês*. Tradução Dagoberto Mensch. 4ª ed. São Paulo: Editora Sêfer, 2003.

KOURY, M. G. P. *Estilos de vida e individualidade*: escritos em Antropologia e Sociologia das Emoções. Curitiba: Appris, 2014.

KOURY, M. G. P. *Imagem e memória*: ensaios em Antropologia visual. Rio de Janeiro: Garamond, 2001.

KOURY, M. G. P. *Medo, medos corriqueiros, risco e sociabilidade*. 30ª Reunião Brasileira de Antropologia. João Pessoa, 2016.

KOURY, M. G. P. *Sociologia da emoção:* o Brasil urbano sob a ótica do luto. Petrópolis: Vozes, 2003.

LE BRETON, D. *Antropologia da dor.* Tradução Iraci Poleti. São Paulo: Fap-Unifesp, 2013.

LEITE, M. L. M. Morte e fotografia. *In*: KOURY, M. G. P. (Org.). *Imagem e memória*: ensaios em Antropologia visual. Rio de Janeiro: Garamond, 2001.

LEONE, A. Judaísmo, Ritos de Passagem e Visão pós-morte *In:* INCONTRI, D.; SANTOS, F. S. (Org.). *A arte de morrer. visões plurais.* Bragança Paulista: Editora Comenius, 2007.

LÉVI-STRAUSS, C. *Tristes trópicos.* Tradução Rosa Freire d'Aguiar. São Paulo: Companhia das Letras, 2012.

LISPECTOR, C. *A hora da estrela.* 1ª ed. Rio de Janeiro: Rocco, 2017.

LURIA, I. *Portal das Reencarnações.* Tradução e comentários Rabino Joseph Saltoun. São Paulo: Instituto Meron Dinâmica Cultural, 2014.

MACHADO, C. F. *Desfazer laços e obrigações*: sobre a morte e a transformação das relações no batuque de Oyó/RS. Rio de Janeiro: UFRJ/ PPGASMN, 2013.

MALINOWSKI, B. *Argonautas do Pacífico Ocidental*: um relato do empreendimento e da aventura dos nativos nos arquipélagos da Nova Guiné Melanésia. 1ª ed. São Paulo: Abril Cultural, 1976.

MARANHÃO, J. L. S. *O que é morte.* São Paulo: Brasiliense, 2008.

MARTINS, A. S. S. *Plateias da morte*: discutindo o fim da vida em comunidades e velórios virtuais. João Pessoa: UFPB, 2013.

MARTINS, J. S. (Org.). *A morte e os mortos na sociedade brasileira.* São Paulo: Editora HUCITEC, 1983.

MARTINS, J. S. Anotações do meu caderno de campo sobre a cultura funerária no Brasil. *In*: OLIVEIRA, M. F;. CALLIA, M. H. P. (Org.). *Reflexões sobre a morte no Brasil.* São Paulo: Paulus, 2005.

MELLO, J. A. G. M. *Gente da Nação*: Cristãos-novos e judeus em Pernambuco, 1542-1654. 2ª ed. Recife: FUNDAJ, Massangana, 1996.

MELLO, J. A. G. M. *Tempo dos Flamengos.* 5ª ed. Rio de Janeiro: Topbooks Universidade Editora, 2007.

MORIN, E. *Meus demônios.* Rio de Janeiro: Bertrand Brasil, 1997.

MORIN, E. *O Homem e a Morte.* Lisboa: Publicações Europa-América, 1976.

MORIN, E. *O mundo moderno e a questão judaica.* Rio de Janeiro: Bertrand Brasil, 2007.

MOTTA, A. *À flor da Pedra*: formas tumulares e processos sociais nos cemitérios brasileiros. Recife: Fundação Joaquim Nabuco, Ed. Massangana, 2008, 2009.

NOVINSKY, A. W. *A Inquisição*. São Paulo: Brasiliense, 2012. Coleção Tudo é História, 49.

NOVINSKY, A. W. *Cristãos novos na Bahia*: A Inquisição no Brasil. 2ª ed. São Paulo: Editora Perspectiva, 1992.

NOVINSKY, A. et al. *Os judeus que construíram o Brasil*: fontes inéditas para uma nova visão da história. São Paulo: Planeta do Brasil, 2015.

OBADIA, L. *Antropologia das religiões*. Lisboa: Edições 70, 2011.

OLIVEIRA, R. C. *O trabalho do antropólogo*. 2ª ed. Brasília: Paralelo 15; São Paulo: Editora Unesp, 2006.

OZ, A.; OZ-SALZBERGER, F. *Os judeus e as palavras*. Tradução George Schlesinger. 1ª ed. São Paulo: Companhia das Letras, 2015.

PECHA, I. M. *Jornada da alma*. São Paulo: Editora e Livraria Sêfer, 2015.

PEIRANO, M. Os antropólogos e suas linhagens. *Revista Brasileira de Ciências Sociais*, São Paulo, Editora Revista dos Tribunais, ano 6, nº 16 (1991), pp. 43-50. Disponível em: http://www.marizapeirano.com.br/artigos/os_antropologos_e_suas_linhagens.pdf. Acesso em: 5 set. 2023.

PEIRANO, M. *Rituais ontem e hoje*. Rio de Janeiro: Jorge Zahar Ed., 2003.

PINHEIRO, M. J. X. *Morte e judaísmo*: transformações ao longo do tempo em Pernambuco. Recife: UFPE, 2012.

PRANDI, R. *Mitologia dos orixás*. São Paulo: Companhia das Letras, 2013.

PRIMEIRA visitação do Santo Ofício às partes do Brasil; Denunciações e Confissões de Pernambuco 1593-1595. Prefácio José Antônio Gonsalves de Mello. Recife, FUNDARPE. Diretoria de Assuntos Culturais, 1984. 509+158p. il. (Coleção pernambucana – 2ª fase, 14).

REIS, J. J. *A morte é uma* festa: ritos fúnebres e revolta popular no Brasil do século XIX. São Paulo: Companhia das Letras, 1991.

REZENDE, C. B.; COELHO, M. C. *Antropologia das emoções*. Rio de Janeiro: Editora FGV, 2010.

RIBEMBOIM, J. A. *As comunidades esquecidas*: estudo sobre os cristãos-novos e judeus da Vila de Igarassu, Capitania de Itamaracá e Cidade Mauricia. Prefácio José Luiz Mota Menezes. Recife: L. Dantas Silva, Officina das Letras, 2002.

RIBEMBOIM, J. A. *Senhores de engenho*: judeus em Pernambuco colonial, 1542-1654. 5ª ed. Recife: 20-20 Comunicação, 2000.

RIBEMBOIM, J. A.; MENEZES, J. L. M. *O primeiro cemitério judeu das Américas*: período da dominação holandesa em Pernambuco (1630-1654). Recife: Bagaço, 2005.

RIVIÈRE, C. *Introdução à Antropologia*. Lisboa: Edições 70, 2008.

RODRIGUES, J. C. *Tabu da morte*. 2ª ed. rev. Rio de Janeiro: Editora FIOCRUZ, 2006.

SANTOS, F. S. Perspectivas histórico-culturais da morte. *In:* INCONTRI, Dora; SANTOS, F. S. (Org.). *A arte de morrer*: visões plurais. Bragança Paulista: Editora Comenius, 2007.

SANTOS, J. E. *Os Nàgô e a* morte: Pàde, Àsèsè e o culto Égun na Bahia. 14ª ed. Petrópolis, Vozes, 2012.

SCHVARTZ, B. *Guia informativo do Departamento Religioso do Centro Israelita de Pernambuco*. Recife: Departamento Religioso do Centro Israelita de Pernambuco, 1998.

SILVA, M. *Nefesh peregrina*: transmigrações e rotas da diáspora judaica. (Org.). Curitiba: CRV, 2017.

SILVA, V. G. *O antropólogo e sua magia*: trabalho de campo e texto etnográfico nas pesquisas antropológicas sobre religiões afro-brasileiras. 1ª ed. São Paulo: Editora da Universidade de São Paulo, 2006.

SMITH, A. D. *National Identity and the Idea of European Unity*. Royal Institute of International Affairs. Oxford University Press, ano 68, n.º 1 (1992), pp. 55-76. Disponível em: https://www.jstor.org/stable/2620461. Acesso em: 05 set. 2023.

SORJ, B. *Judaísmo para todos*. Rio de Janeiro: Civilização Brasileira, 2010.

SORJ, B. (Org.). *Identidades judaicas no Brasil contemporâneo*. Rio de Janeiro: Imago, 1997.

SPERBER, D. *O saber dos antropólogos*: três ensaios. Lisboa: Perspectivas do Homem/ Edições 70, 1992.

SUASSUNA, A. *Auto da Compadecida*. 36ª ed. Rio de Janeiro: Nova Fronteira, 2014.

TAVARES, A. C. *Conversão, judaísmo e alteridade*: narrativas de pertencimento e instâncias de reconhecimento. 2014. Tese (Doutorado em Antropologia) – Universidade Federal do Pernambuco, Recife, 2014. Disponível em: https://repositorio.ufpe.br/handle/123456789/12042. Acesso em: 5 set. 2023.

THOMAS, L.-V. *Antropología de la muerte*. Tradução Marcos Lara. México: FCE, 1983.

UNTERMAN, A. *Dicionário judaico de lendas e tradições*: 222 ilustrações. Tradução Paulo Geiger. Rio de Janeiro. Ed. Jorge Zahar. 1992.

VAINFAS, R. *Jerusalém colonial*: judeus portugueses no Brasil holandês. Rio de Janeiro: Civilização Brasileira, 2010.

VAINFAS, R.; SOUZA, J. B. *Brasil de todos os santos*. 2ª ed. Rio de Janeiro: Jorge Zahar Ed., 2002.

VAINSENCHER, S. A. *Cemitério dos Judeus (Recife, PE)*. Pesquisa Escolar Online, Fundação Joaquim Nabuco, Recife. Disponível em: http://basilio.fundaj.gov.br/pesquisaescolar/. Acesso em: 5 fev. 2018.

VERGER, P. F. *Orixás deuses iorubas na África e no Novo Mundo*. Tradução Maria Aparecida da Nóbrega. 6ª ed. Salvador: Corrupio, 2002.

VOVELLE, M. *As almas do purgatório, ou, O trabalho do luto*. Tradução Aline Meyer e Roberto Cattani. São Paulo: Editora UNESP, 2010.

WACH, J. *Sociologia da religião*. Tradução Attílio Cancian. São Paulo: Paulinas, 1990.